NEUE ARCHITEKTUR
Sakralbauten

Till Wöhler
mit einem Vorwort von Rita Süssmuth

Verlagshaus Braun

Inhalt | *Contents*

Zum Geleit | *Foreword*

Ein Bildband über moderne Sakralbauten ist ein äußerst interessantes Projekt, das neugierig macht, denn in ihnen spiegelt sich vielfach die Stellung wider, die die Religionen in der modernen Welt einnehmen. Die Religionen und ihre Bauten stehen im deutschsprachigen Raum nicht mehr wie selbstverständlich im Zentrum, nehmen aber immer noch und heute wieder einen wichtigen Platz in der Gesellschaft ein.

Religionen sind und bleiben wichtige Sinnstiftungen und befriedigen das Bedürfnis der Menschen nach Tiefe, Besinnung, Transzendenzerfahrung und Begegnungen. Doch die Religionen in der Moderne sind keine geschlossenen Systeme mehr; sie treten miteinander in Dialog und befruchten sich gegenseitig, ohne ihre Eigenständigkeit preiszugeben. Viele Menschen beziehen ihre religiösen Wertvorstellungen heute sogar aus der Begegnung mit verschiedenen Religionen und ihren Lehren.

Die modernen Sakralbauten, die Kirchen, Synagogen, Moscheen und Tempel, aber auch Gemeindezentren und Aussegnungshallen, tragen diesen Erfahrungen der Religionen in der Moderne in zweifacher Weise Rechnung: Ihre Bauten überragen nicht mehr als alleinige und iso-

A book dedicated to modern sacral buildings is an especially interesting project that arouses special curiosity because it clearly documents the role that the religions play in the modern world. The religions and their buildings in the regions where German is spoken don't stand at the predominant centre of attention as they once did. Nonetheless, they still play a vital role in today's society.

Religions are and remain important means for understanding being. They satisfy people's needs for experiencing spiritual depth, contemplation, transcendence and inter-reaction. But modern-day religions are not anymore closed systems. Today, they stand in dialogue and benefit each other without losing their independence. Many people today form their religious ideals by combining the teachings of different religions.

The modern sacral buildings – churches, synagogues, mosques, and temples as well as congregation centres and cemetery buildings – express the modern-day situation of religions in two ways: The buildings don't dominate their surroundings as solitary structures or isolated centers but instead integrate into exist-

lierte Zentren alle anderen Bauten, sondern sind eingebunden in die Stadtarchi-
tektur und Landschaftsbilder, bleiben
aber doch unverwechselbar und identifi-
zierbar.

Zum anderen vereinigen lebendige Religionen stets beides: Tradition und Moderne, ihre Herkunft und die Aufge-
schlossenheit für neue Entwicklungen.
Auch die hier vorgestellten Bauten ver-
knüpfen diese beiden Stränge vielfach in
äußerst geschickter Weise. Sie kombi-
nieren klassische Stilelemente mit den
Einsichten moderner Architektur zu fas-
zinierenden und gelungenen Kompo-
sitionen. Solche Kombinationen sind etwa an der Erweiterung der Pfarrkirche
von Nüziders oder der Fatih-Moschee in
Bremen gut zu erkennen, die traditionelle Moscheebauweise mit einladenden
Fensterfassaden verbindet.

Viele moderne Sakralbauten spielen mit
Raum und Licht: Sie schaffen den offenen und zugleich geschützten zentralen
Raum zum Verweilen, für Gebet, Meditation und Begegnung, öffnen aber zugleich mit großen Glasfronten ihr Inneres
den Menschen und laden diese ein, in
die Räume einzutreten und sich auf
Begegnungen einzulassen. Beispiele
hierfür sind neben der Herz-Jesu-Kirche

*ing urban structures and landscapes
while at the same time remaining dis-
tinctive and identifiable.*

*Additionally, lively religions unite both
tradition and modernity and therefore
respect their past and remain open for
new potentials. The buildings presented
here unite both of these veins in especially skillful ways. They combine classical elements of style with the insights of
modern architecture to create fascinat-
ing and provocative compositions. Such
combinations can be explored in the extension of the Nüziders parish church or
in the Fatih Mosque in Bremen where
traditional mosque building techniques
were combined with inviting window
fronts.*

*Many modern sacral buildings employ
spatial composition and light. Their potentials are throttled to create open, yet
protected central spaces for lingering,
prayer, meditation and inter-reaction. At
the same time their transparent glass
fronts invite people to enter their spaces
and open up for potential new experiences and knowledge. Examples for this
include the Heart of Jesus Church in
Munich, Thun-Allmendingen Protestant
Church, and Graz Synagogue with its
central structure and dome that open to-*

in München und der Evangelisch-Reformierten Kirche in Thun-Allmendingen die Synagoge in Graz, deren Zentralbau wie ihre Kuppel sich dem Außen öffnen. Andere Bauten verzichten auf Ornamentik und Fassadenschmuck und wirken durch ihre nüchterne Konzentriertheit, wie St. Franziskus in Steyr oder die Auferstehungskirche in Speyer.

Damit unterstützen die modernen Sakralbauten den Anspruch der Religionen, nämlich das charakteristisch Eigene zu bewahren und zugleich die Begegnung der Menschen, der Religionen und Kulturen untereinander, wie sie im Alltag ganz selbstverständlich geschieht, in ihren Bauten herbeizuführen und zu fördern. Die modernen Sakralbauten wollen Stätten der Sammlung, aber auch des Dialogs und des Austauschs sein.

Wer sich auf Begegnungen einläßt, wird vielfach überrascht werden von dem, was er beim anderen vorfindet – Vertrautes und Beruhigendes, aber auch Eigenartiges und aufregend Neues. Die hier vorgestellten Bauten stellen sich auch dieser Herausforderung. Manches an den Räumen und Proportionen erscheint vertraut, andere Kombinationen und Lösungen erstaunen, überraschen und ziehen uns gerade durch ihre

ward the outside. Other buildings such as St. Francis in Steyr or the Church of the Resurrection in Speyer renounce ornament and facade decoration and attain an austere contemplative ambience.

The modern sacral buildings hereby support the desire of the religions to preserve their characteristic individuality and at the same facilitate the coming together of people, religions, and cultures just as it happens all around us every day. By manifesting modern-day society in new buildings, modern sacral architecture creates places for worship, but also for dialogue and exchange of ideas.

Those who are open for such encounters will be surprised again and again by the discoveries to be made in new cultures and religions that range from familiar and reassuring to peculiar and exciting new experiences. The buildings presented here meet this challenge. Some of the spaces and proportions are familiar, other combinations and solutions astound, surprise and provoke us to take a second look. Cazis Protestant Church offers a good example for this phenomena. Its successive spaces open up to the sides, toward the sky, to god and to people. Especially unique spatial experi-

Neuartigkeit in ihren Bann. So etwa bei der Evangelischen Kirche von Cazis, deren hintereinander liegende Räume sich sowohl nach oben wie zur Seite, zu Gott und den Menschen öffnen. Raumeindrücke ganz eigener Art vermitteln auch das Katholische Gemeindezentrum Heilbronn, die Kapelle der Versöhnung in Berlin oder die Synagoge von Kassel.

Ich wünsche allen Lesern des Buches, daß sie sich von diesen modernen Sakralbauten faszinieren lassen und sich selber öffnen können für den Dialog und die Begegnung der Religionen und Menschen miteinander.

Rita Süssmuth

ences can also be discovered in the Heilbronn Congregation Center, Chapel of Reconciliation in Berlin or the Kassel Synagogue.

I should like to wish all who read this book that they will be fascinated by these modern sacral buildings and may themselves be able to open up for dialogue and encounters between people and religions.

Rita Süssmuth

Die innere und die äußere Heimat
Being at Home, Inside and Out

Ernst Bloch beschreibt die Aufgabe von Architektur in seinem „Prinzip Hoffnung" als den „menschlichen Versuch der Schaffung von Heimat."

Es ist diese Idee der Beheimatung, welche die Architektur die hier vorgestellt wird, für den sakralen Raum neu definiert. Waren die Kirchen, Moscheen oder Synagogen seit der Zeit des Mittelalters bis hin zur Moderne noch als „Haus Gottes" eine Heimat, die der Einzelne aufsuchte, um für sein Seelenheil Zwiesprache mit Gott aufzunehmen, so hat sich das gewandelt. Heute besucht man sie als eine „innere Welt". Im sakralen Raum will man nicht zwingend nur mit Gott, sondern auch mit sich selbst zu Hause sein. Das Raum-Innere bestimmt so die Form dieses Hauses, es wird zum Abbild dieser Verinnerlichung.

Heute werden Sakralräume zu Zufluchtstätten vor einer Welt der Hektik, des sofort Erreichbaren, der „instant communication", eines ständigen „online"-Zustands. Es sind Räume des „slow motion", in denen Zeit und Raum gerinnt: Der einzig verbleibende Ausweg aus den sich dauernd bewegenden Bildern eines teils realen, teils virtuellen Alltags. Diese Verlangsamung räumlich zu bewerkstelligen und den Menschen einen

In "The Principle of Hope", Ernst Bloch defines architecture as the "human effort to create a sense of being at home".

This notion of "being at home" is redefined by the projects presented here. From medieval to modern times, churches, mosques, and synagogues served as "Houses of God" where individuals could seek salvation in dialogue with God. That has changed. Today, they form "inside worlds". These sacral spaces are places where people are not only at home with God, but also with themselves. The "inside-space" hence determines the shape of the "home" to express this internalization in built form.

Today's sacral spaces increasingly serve as places of refuge from the hectic pace of everyday life and its constant "online" state whereby one is constantly reachable via "instant communication" technology. These are "slow motion" places where time and space merge. They hence offer the last escape from the real and virtual flood of images that confront us daily. Accomplishing this deceleration in order to provide people with places of contemplation where they can take up dialogue with others and with themselves seems to me to be the primary function that these spaces fulfill.

Ort der Ruhe zu bieten, nicht nur für den Dialog mit anderen, sondern insbesondere für den Dialog mit sich selbst, das scheint mir heute die Aufgabe zu sein, die diesen Räumen hauptsächlich zufällt. Sie werden zum erneuten Versuch, den Menschen eine innere Heimat anbieten zu können, die jeder für sich selbst zu entdecken vermag.

Ist es bei den Kirchen der Versuch, Heimat im Glauben räumlich darzustellen und darüber hinaus Ökumene zu feiern, so ist das für Moscheen oder Synagogen in Deutschland etwas anderes. Das Gefühl des Beheimatetseins, ist für die Gotteshäuser der Juden und des Islam in diesem Land immer noch nicht selbstverständlich. Die Menschen, die sie aufsuchen, finden dort ein zweites Zuhause, welches ihnen Identität und Freiraum zur Entfaltung von Eigenart ermöglicht.

Alfred Jacoby

They are a renewed attempt at providing people an inner home within which they can discover themselves.

The churches express this sense of being at home in belief spatially and, going a step further, ecumenically. Mosques and synagogues in Germany fulfill other needs. For Jewish and Islamic places of worship in this country this sense of being at home is not always a matter of course. Their users find a second home here within which identity can be formed and freedom to express individuality and faith is made possible.

Alfred Jacoby

Deutschland | *Germany*

Kirche für zwei Konfessionen in Freiburg

Standort | *Location*
Maria-von-Rudloff-Platz 1,
Freiburg-Rieselfeld

Bauzeit | *Construction Time*
2002 - 2004

Bauherr | *Builder-Owner*
Bauherrengemeinschaft
Evangelische Maria-
Magdalena-Gemeinde und
Katholische Kirchengemeinde
St. Maria-Magdalena, Freiburg

Architekten | *Architects*
kister scheithauer gross
architekten und stadtplaner,
Köln/Dessau

Zwei Kirchen, eine evangelische und eine katholische, sind in einem skulptural geformten Gebäude aus Sichtbeton zusammengefügt. Bei Bedarf können beide zu einem einzigen ökumenischen Kirchenraum vereinigt werden.

Die zwei Hauptwände sind in ihrem Verlauf mehrfach gefaltet und in unregelmäßiger Folge leicht nach innen und außen geneigt. Dadurch wird ein Eindruck von Offenheit und Beweglichkeit angestrebt. Das Gebäude hat drei Längsschiffe wie ein klassischer Kirchenbau. Die beiden Seitenschiffe beherbergen die Kirchenräume, wobei die katholische Kirche auf ihrer Seite die ganze Länge einnimmt, während die kleinere evangelische Kirche in ihrem räumlichen Schwerpunkt der katholischen Kirche gegenüberliegt.

Das Mittelschiff beherbergt die gemeinsame Eingangshalle, deren Betonwände zu den beiden Kirchen bei Bedarf beiseite geschoben werden können. Sind diese vier Wände geöffnet, ist der gemeinsame ökumenische Raum eröffnet.

Im nordöstlichen Abschnitt befindet sich ein viergeschossiger Bereich, in dem die Gemeinderäume und die Verwaltung angesiedelt sind, das „Haus im Haus".

Two churches, one Catholic and one Protestant, are united here in one building made of exposed concrete.

The two main walls are multiply folded and slightly tilted. The building has three long naves. The two side naves house the church spaces whereby the Catholic church takes up all of its side while the Protestant church across from it is slightly smaller.

The main nave houses the common entrance hall with movable concrete wall elements that can be slid open to extend the central entrance hall into the church spaces on each side of it. When these four walls are opened, a communal, ecumenical space is formed.

The northeast portion of the building is four-stories high and contains congregational spaces and administrative offices.

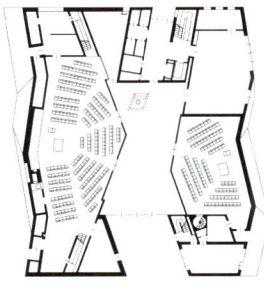

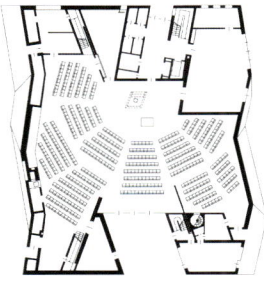

links:
Der gemeinsame
ökumenische Innenraum
oben:
Ansicht von Osten – Eingangs-
hof und Faltwand mit großem
Fenster des Sakralraums
unten:
Grundriss zwei Kirchen
Grundriss eine Kirche

Standort | *Location*
Jörg-Ratgeb-Platz 25,
Heilbronn-Sontheim

Bauzeit | *Construction Time*
1996 - 1997

Bauherr | *Builder-Owner*
Katholische Kirchengemeinde
St. Martinus,
Heilbronn-Sontheim

Architekten | *Architects*
Professor Peter Cheret,
Jelena Bozic
Architekten BDA DWB,
Stuttgart

Sontheim-Ost ist ein Stadtteil Heilbronns, der innerhalb weniger Jahre entstanden ist. Heute leben dort 5.000 Menschen – viele von ihnen Einwanderer aus Süd- und Südosteuropa. Wie in vielen vergleichbaren Stadtquartieren sind Architektur und Städtebau heterogen und auf Orte angewiesen, die sich der Beliebigkeit entziehen.

Das Gemeindezentrum Maximilian Kolbe ist als Gebäudekomplex aus räumlichen Schichten entwickelt. Über die breite, steinerne Treppe gelangen die Besucher in den Innenhof, der als Filter zwischen dem städtischen Außenraum und dem Sakralraum fungiert. Der Kirchenraum ist mit einem auf vier massiven Stützen ruhenden hölzernen Tragwerk überwölbt, das mit seiner besonderen Geometrie und der speziellen Lichtführung dem Raum seine Unverwechselbarkeit gibt. Sämtliche Materialien, aus denen der Raum gebildet ist, sind in ihrer „Natürlichkeit" belassen. Daraus ergibt sich eine Suggestion der Oberflächen, die – auch im übertragenen Sinn – eine dienende Bescheidenheit und Ehrlichkeit assoziieren.

Sontheim-Ost is a district of Heilbronn where 5,000 people live. As in many similar city quarters the heterogeneous architecture and urban planning found here must be countered by special places that defy this arbitrariness.

The Maximian Kolbe Congregational Center building complex evolves out of a series of spatial layers. A wide stone stair leads visitors into an interior courtyard that serves as a spatial filter between the urban exterior space and the sacral space. The church hall is spanned by wooden structural framework that rests on four massive pillars and creates a unique space through its geometry and skillful direction of natural light. All of the materials used to form this central space were left in their natural state.

links:
Blick unter das hölzerne Dach
rechts:
Zentralperspektive Innenraum

14

Gemeindehaus St. Josef in Hochwang

Standort | *Location*
Im Hardtweg 36,
Lenningen-Hochwang

Bauzeit | *Construction Time*
1994 - 1995

Bauherr | *Builder-Owner*
Katholische Kirchengemeinde
St. Maria in Lenningen

Architekten | *Architects*
aldinger & aldinger, Stuttgart

In einer kleinen, katholischen Enklave auf der schwäbischen Alb wurde ein multifunktionales Versammlungsgebäude für die Kirchengemeinde und alle Bewohner errichtet, für das man sich Dominanz und Offenheit zugleich wünschte. Die Größe der Bauaufgabe mit einem teilbaren Saal von zirka 100 Quadratmetern Fläche und entsprechenden Nebenräumen sollte dabei nicht mindernd auf die Wertigkeit des Bauwerks wirken. Im Vordergrund stand bei der Planung das Einbeziehen der Landschaft, da das Grundstück am Ortsrand in einer Waldlichtung liegt. In ihrer differenzierten Ausbildung nehmen die tragend-konstruktiven Elemente den Material- und Farbkanon der umgebenden Landschaft auf. Dagegen steht zeichenhaft die zum Eingang führende Wandscheibe zwischen Saal und funktionalen Räumen, die im Ortsgefüge der Orientierung dient.

This new congregation hall located in a Catholic enclave in the Swabian Alb region was designed to express both a strong presence and at the same time to convey openness. The relatively small program comprised a 100 square meter main space and auxiliary rooms but nonetheless achieves an appropriate virtual size. Since the site lies on the edge of the settlement in a forest clearing, one of the main concerns that generated the design was its integration into the surrounding landscape.
The load-bearing structural elements take on the colour palette and materials of the landscape. The wall slab that leads to the entrance and divides the main hall from the auxiliary spaces stands in contrast to them and serves as an orientation element.

links:
Versammlungsraum
rechts:
Der Bau bezieht die
Umgebung ein.

Aussegnungshalle in Karlsruhe

Standort | Location
Am Mittelschmallen,
Karlsruhe-Oberreut

Bauzeit | Construction Time
2000 - 2001

Bauherr | Builder-Owner
Stadt Karlsruhe, Hochbauamt

Architekten | Architects
G J L Freie Architekten BDA
Grube Jakel Löffler, Karlsruhe

Die eigentliche Aussegnungshalle und ihre Nebenräume sind in zwei massive Kuben aus Sichtbeton gegliedert. Ein weites, kräftiges, stützenfreies Vordach, das zur Hauptachse des Friedhofs hinausragt, trägt die Glocke und schafft einen geschützten Vorplatz für die Trauernden, längsseitig gefasst vom Nebengebäude. Das Vordach bildet gemeinsam mit den Dachschrägen und Eckfenstern der Halle die primäre Komposition. Die inneren Wandflächen der Halle sind glatt gespachtelt und weiß gestrichen. Für den Fußboden wurde gelber Quarzit gewählt, Türen und Möblierung sind in Eiche natur angefertigt. Farbige Oberlichter in der Decke und ein monochromes, dreidimensionales Bild akzentuieren den Innenraum der Halle. Beides wurde von der Karlsruher Künstlerin Stefanie Lampert entworfen und realisiert. Dem gesamten Ensemble kommt durch seine exponierte Lage (auf elliptischer Rasenfläche inmitten des Gräberfeldes) nun die Aufgabe eines Eingangs oder einer Anlaufstelle für die gesamte Friedhofsanlage zu. Eine Aufbahrungshalle hat die Funktion eines symbolischen Zwischenhalts auf dem „weiteren Weg des Verstorbenen". Und wenn man genau hinschaut, ist diese Halle in ihrer Gestalt einer Tankstelle eigentlich nicht unähnlich.

The funeral chapel and its servant spaces are contained in two massive exposed concrete cubes. A pillar-free entrance roof cantilevers out toward the main axis of the cemetery, carries the bell, and creates a protected forecourt for the mourners. The interior wall surfaces in the main hall are painted white, yellow quartzite was utilized for the floor. Coloured skylights in the ceiling and a three-dimensional art piece accentuate the interior of the hall space. Due to its prominent location on the site, the ensemble additionally serves as an entrance for the entire cemetery facility. The funeral chapel fulfills a special function as a symbolic station along the "further path of the deceased".

links:
Farbige Oberlichter
oben:
Der geschützte Vorplatz
unten:
Grundriss

19

Yavuz Sultan Selim Moschee in Mannheim

Standort | *Location*
Luisenring 28-30,
Mannheim-Jungbusch

Bauzeit | *Construction Time*
1993 - 1995

Bauherr | *Builder-Owner*
Islamischer Bund
Mannheim e.V.

Architekten | *Architects*
Hubert Geißler,
Vlad Stanomir,
Mehmet Bedri Sevinçsoy

Bei ihrer Einweihung 1995 war die Mannheimer Moschee das größte islamische Gotteshaus in Deutschland. Das Eckgrundstück, eine kriegsbedingte Baulücke, verlangte die Integration in die geschlossene Blockrandbebauung. Darüber hinaus stand das Architektengespann vor zwei weiteren bedeutenden Herausforderungen: sich gegenüber der benachbarten katholischen Liebfrauenkirche stadträumlich zu behaupten und dem religiösen Gebot, den Gebetsraum mit Gebetsnische nach Mekka auszurichten.

Sie entwarfen einen vierstöckigen Komplex, dessen äußere Erscheinung sich nicht auf die typischen osmanischen Vorbilder bezieht. Der dominierende mittlere Baukörper besteht aus einem gerundeten, hellgrün verputzten Mittelblock, geteilt durch die keilförmige Gebetsnische, die gleichzeitig die stadträumliche Funktion übernimmt, die Ecksituation der Anlage zu betonen. Zwei ziegelverblendete Randblöcke schaffen den vermittelnden Übergang zur Nachbarbebauung; die eingestellten Rundtürme nehmen die Treppenhäuser auf. Integriert wurden neben den sakralen Räumlichkeiten auch Seminarbereiche, Wohn- und Geschäftseinheiten sowie eine Tiefgarage. Kuppel und Minarett sind erst aus einiger Entfernung zu sehen.

When consecrated, this mosque was the largest in Germany. The building needed to be integrated into a dense location on a corner site in the city. Additionally, the neighboring Catholic Church of Our Lady and the orientation towards Mecca were respected and incorporated into the design.

The central building of the four-story complex is comprised of a round middle wing that is subdivided by the wedge-shaped prayer niche that also creates the edge of the urban block. Two edge-forming buildings clad in brick create a transition to the neighboring structures. The round tower elements contain stairwells. Both the dome and the minaret can first be seen from a distance.

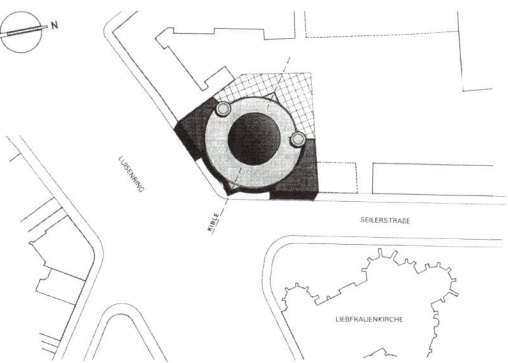

links:
Traditionelle
Innenraumgestaltung
oben:
Gesamtansicht der
modernen Fassade
unten:
Stadträumliche Einordnung

21

Tagungszentrum der Katholischen Akademie in Stuttgart

Standort | *Location*
Paracelsusstr. 91-93,
Stuttgart-Hohenheim

Bauzeit | *Construction Time*
1996 - 1999

Bauherr | *Builder-Owner*
Diözese Rottenburg-Stuttgart

Architekten | *Architects*
Arno Lederer + Jórunn
Ragnarsdóttir + Marc Oei,
Stuttgart/Karlsruhe

Gegenüber dem botanischen Garten hat die Anlage der Akademie eine bevorzugte Lage. Der Architekt des ersten Bauabschnitts aus den Sechziger Jahren ist vermutlich daher auf die freie kubische Behandlung seiner Baukörper gekommen. Zur Erweiterung um 24 Zimmer, einen Saal, eine Kapelle und andere Räume blieb nur ein dreieckförmiges Grundstück. Alle Zimmer wurden zum Baumbestand des Parkes hin orientiert. Form und Länge des Grundstückes ließen keinen linearen Baukörper zu, weshalb die Räume in einer S-Kurve angeordnet sind.

Durch eine lange Mauer zur Straße erhielt man einen introvertierten Hof, aber vor allem die städtebauliche Figur macht durch diese verbindende Geste wieder Sinn.

Bei diesem Projekt spielt die Materialisierung eine große Rolle. So erstaunt es, dass die Balkone der Besucherzimmer aus Weidenkörben gefertigt sind, dass es Sitznischen in der Mauer des Erdgeschossflures gibt oder dass die Kapelle wie eine Holzschatulle im sonst weiß gehaltenen Erdgeschoss untergebracht ist. Besonderheiten aus gewöhnlichem und vertrautem Material, ungewöhnlich aber durch die unerwartete Begegnung.

Dem Wunsch nach umweltschonender Bauweise wurde durch die liebevolle Gestaltung der räumlichen Situation und die Lichtführung entsprochen.

The available space for expansion of the cube-like academy building with 24 rooms, a hall, a chapel, and other spaces was limited to a triangular site. All of the rooms were oriented toward the trees in the adjacent park. The shape and length of the site led to the decision to form the building in an S-curve.

The use of common materials to new contexts is a central aspect of this project. The balconies of the visitors rooms were hence constructed in willow baskets, seating niches are carved into the wall of the ground-floor corridor, and the chapel reminds of a wooden chest surrounded by the otherwise white ground-floor.

The user's stipulation that sustainable building methods should be used was met through carefully constructed spaces and the skillful direction of natural light.

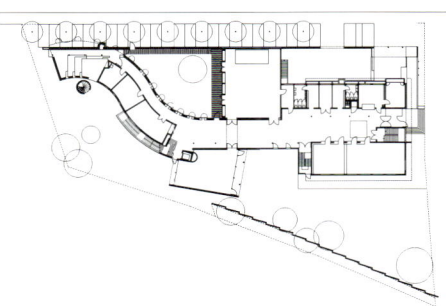

links:
Die Kapelle – eine Holzschatulle
oben:
S-förmig – Der Besuchertrakt
unten:
Grundriss

Standort | *Location*
Großhaderner Str. 2,
Gräfelfing

Bauzeit | *Construction Time*
1997 - 1999

Bauherr | *Builder-Owner*
Gemeinde Gräfelfing,
Oberbayern

Architekt | *Architect*
Gunther Wawrik, Wien

Die Aufbahrungszellen auf der Hofseite der Anlage wurden jeweils als ein eigenes Haus aufgefasst, das man wie ein privates Schlafgemach betreten kann. Der Verstorbene wird möglichst sichtbar aufgebahrt, da es sich hier um einen Bereich für die engsten Freunde und Verwandten handelt. Im Vorgarten befindet sich eine Stufe, auf der man Blumen hinterlegen kann.

Der Sarg mit dem Verstorbenen wird dann über die hofseitige Tür, sozusagen die Haustür, aus dem Gebäude gebracht und von den Trauernden, die hinter dem Sarg gehen, in die Aussegnungshalle begleitet. Nach der Zeremonie wird der Sarg durch die Seitentür an der „öffentlichen" Stirnseite zunächst auf den mit Bäumen bestandenen Platz und dann zum Grab gebracht. Die an den Stirnseiten verglaste Halle ist also als Durchgangsraum, als Station auf dem Weg von der Aufbahrung zur Grabstelle angelegt. Sie weist einige konstruktive Besonderheiten auf: So besteht z.B. die gekrümmte Außenwand-Dachschale aus nur 16 cm dicken vorfabrizierten und gebogenen Schichtholzelementen, die mit Sperrholzplatten belegt sind.

The coffin rooms on the courtyard side of the complex were designed as individual houses that can be entered as if they were private sleeping spaces. Since this area is conceived for use by close friends and relatives, the deceased is laid out as openly as possible.

The coffin is carried out from here via a courtyard doorway and accompanied by the mourners into the funeral chapel. After the ceremony it is carried through the side door in the front, "public" wall to the plaza, and then further on to the grave. The hall space with glazing on both ends

links:
Aufbahrungszellen im Hof
rechts:
Öffentlicher Ausgang auf
dem Weg zur Grabstätte

*is conceived as an interim station along
the path that leads to the gravesite and
forms a tunnel-like space through which
one passes.*

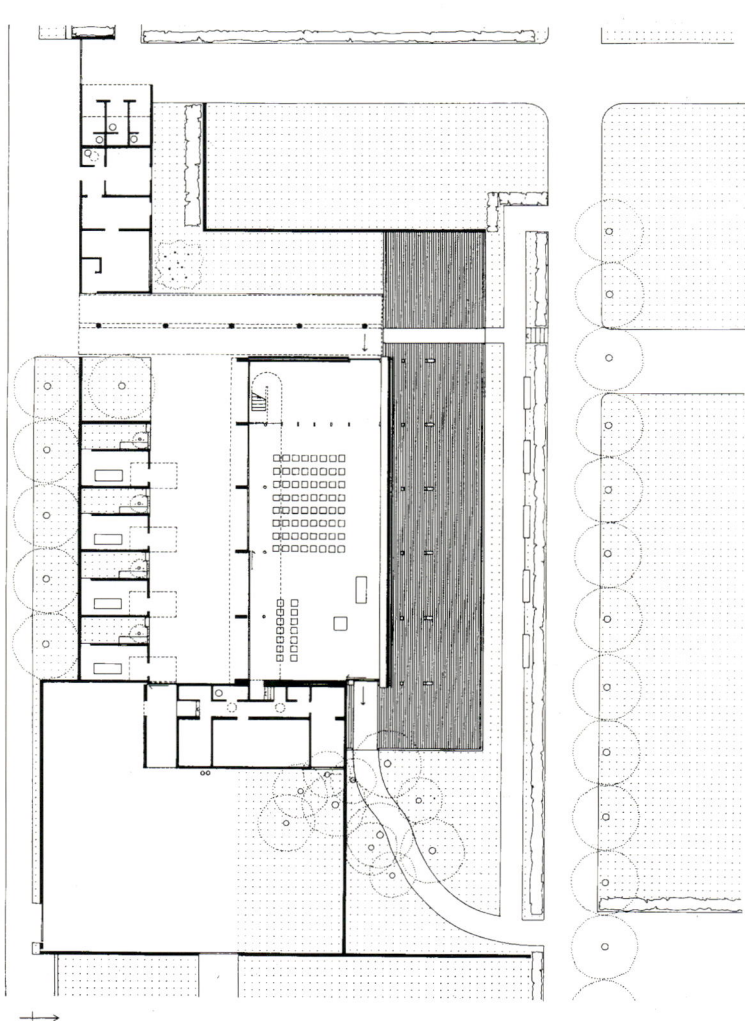

links:
Grundriss
rechts:
Die Halle als Weg
durch den Tunnel

Hicret Moschee in Lauingen

Standort | *Location*
Wittislinger Straße 6,
Lauingen (Donau)

Bauzeit | *Construction Time*
1993 - 1996

Bauherr | *Builder-Owner*
Beistandsverein Türkischer
Arbeitnehmer e.V.

Architekten | *Architects*
Dipl.-Ing. Hüseyin Portakal,
Augsburg

Das Stadtbild Lauingens (in Bayerisch-Schwaben) wird seit Mitte der Neunziger Jahre durch eine neue Höhendominante geprägt: das 25,50 Meter hohe Minarett des neu gebauten islamischen Gotteshauses (mit angeschlossenem Kultur- und Gemeindezentrum). Ermöglicht wurde das Bauvorhaben in der 11.000 Einwohner zählenden Kleinstadt durch eine außergewöhnliche und konstruktive Zusammenarbeit zwischen dem Stadtoberhaupt und der Religionsgemeinschaft.

Mehrere kupferbedeckte Kuppelkonstruktionen erheben sich über dem flachen Dach des Gebäudes. Die Hauptkuppel (11 Meter Durchmesser) ruht auf einem schmalen Tambour. Ein weiterer, sich direkt anschließender Bauteil im 45-Grad-Winkel bildet den Übergang zum weiß verputzten, kubischen Baukörper. Dieser konstruktive Kunstgriff lässt einen stützenfreien Innenraum entstehen, der eine Synthese aus traditioneller islamischer Architektur und moderner westlicher Baukunst darstellt.

Eingelassen in diese Schräge sind halbkreisförmige, durch mehrere Sprossen unterteilte Lichtöffnungen; dadurch ist der 305 m² große Gebetsaal im Obergeschoss sehr hell. Die sparsame Verwendung von Ornamentik und Kalligraphie unterstreicht diesen Effekt.

An extraordinary, constructive cooperation between the mayor and the congregation allowed the construction of this mosque in a small city with 11,000 inhabitants.

The main dome rests on a narrow supportive structure. A further wing directly adjoins it on a 45 degree angle and creates a transition to the white-plastered, building cube. This structural device allows for the creation of a column-free interior space where traditional Islamic architecture and modern Western building elements merge. Semicircular light openings subdivided by several frames are incorporated into the slanting surface to direct lots of natural light into the 305 square meter large prayer hall on the upper level. The sparing use of ornamental elements and calligraphy strengthen this effect.

links:
Große Fenster ermöglichen
einen hellen Innenraum
rechts:
Innovative Kuppelkonstruktion

Versöhnungskirche in Moosburg an der Isar

Standort | *Location*
Schlesierstr. 10,
Moosburg an der Isar

Bauzeit | *Construction Time*
1999 - 2000

Bauherr | *Builder-Owner*
Evangelisch-Lutherische
Kirchengemeinde Moosburg
an der Isar

Architektin | *Architect*
Ute Grindl,
Moosburg an der Isar

Nach dem Krieg fand die evangelisch-lutherische Kirchengemeinde zunächst Platz in einer umgebauten Baracke eines ehemaligen Kriegsgefangenenlagers. In den Neunziger Jahren standen endlich genügend Mittel für einen Neubau und damit für die Beendigung des Jahrzehnte währenden Provisoriums bereit.

Die neuen Gebäude zeichnen sich durch klare Formen und dauerhafte, hochwertige Materialien aus. Die Kirche mit Sichtmauerwerk und Kupferdach ruht als Monolith an der Straße, während das Gemeindezentrum als weißer Putzbau im hinteren Bereich angesiedelt ist. Es umfasst Gemeinderäume, Küche und Sanitärbereich sowie Büroräume. Als Ergänzung stehen noch der Bau eines Begegnungszentrums und des Glockenturms aus.

Über dem Eingang im Inneren der Kirche befindet sich eine Empore für verschiedene Zwecke. Im Kirchenraum herrscht nüchterne Klarheit. Erhellt wird dieser durch ein Lichtband oberhalb der Altarwand aus ziegelrotem Sichtmauerwerk. Die Seitenwände wurden mittels einer Reihe von Lichtschlitzen geöffnet, deren Gläser von Dominik Reindl mit biblischen Szenen gestaltet wurden und für diffuses Licht sorgen. Die abgehängten Beleuchtungskörper und das Edelstahlkreuz an der Westfassade stammen von der Architektin.

In the 90's there were finally enough funds available to construct a new building for this Protestant-Lutheran congregation that had been housed in a converted barrack building since the war. The new buildings are characterized by clear forms and the high quality of the materials used. The church, erected in exposed masonry with a copper roof, stands as a monolith facing the street. The congregation center is housed in a white stucco building further back on the site.

Sober clarity reigns in the interior of the church space. It is illuminated by a ribbon window located above the red exposed masonry altar wall. The side walls are perforated with window strips that integrate glass artwork by Dominik Reindl.

links:
Nüchterne Klarheit
oben:
Monolith in Zieglerot
unten:
Grundriss

Pfarrkirche Herz-Jesu in München

Standort | *Location*
Lachnerstr. 8,
München-Neuhausen

Bauzeit | *Construction Time*
1997 - 2000

Bauherr | *Builder-Owner*
Katholische Pfarrkirchen-
stiftung Herz-Jesu, vertreten
durch das Erzbischöfliche
Ordinariat, München

Architekten | *Architects*
Allmann Sattler Wappner
Architekten, München

Der Kirchenneubau kommt überraschend in den Blick. Seine ganze Erscheinung wirkt in dem von gründerzeitlichen Wohnbauten geprägten Viertel fremd. Komplett auf eine mit Burgunder Kalkstein belegte Platte gebaut, stellt sich die „Kiste", zwischen gläserner Härte und flüchtiger Himmelstextur schwebend, den neugierigen Blicken.

Die beiden riesigen Kirchentore sind gebäudehoch und öffnen bei besonderen Anlässen beinahe die gesamte Glashaut. Die hydraulischen Wendeflügel sind mit einer tiefblauen Glashaut verkleidet. Die gesamte Gebäudehülle des Stahlständerbaus ist ebenfalls aus Glas mit einer stufenweisen Opazität, gefolgt von einer weiteren inneren Hülle aus vertikal angeordneten Holzlamellen. Zwischen beiden Hüllen entsteht dadurch ein Gang, der um das ganze Kircheninnere herumführt und das Motiv eines Kreuzgangs aufgreift. Im Inneren befindet sich ein Betonkubus als dritte, jedoch kleinere Hülle für die Orgel. Mittels Holzlamellen wird das Licht durch die äußere, transparente Schale direkt zum Altar geleitet. An der Altarwand befindet sich eine je nach Lichteinfall opake oder transparent wirkende monumentale Goldfläche.

The entire new church building is placed upon a planar limestone surface. The two giant church gates open up virtually the entire glass building front. Their hydraulically swiveling wings are clad in a deep blue glass panels. The entire building hull of the steel-frame structure is also made of glass with various degrees of opacity. It is followed on the inside by a further hull made of vertically hung wooden slats. The corridor that is formed between these two hulls encloses the entire interior space of the church and is reminiscent of a cloister. Inside, a concrete cube forms a third, smaller hull housing the organ. Natural light is directed onto the altar through the wooden slats and the transparent exterior shell.

links:
Grundriss
rechts:
Blick auf die Altarwand
während der Messe

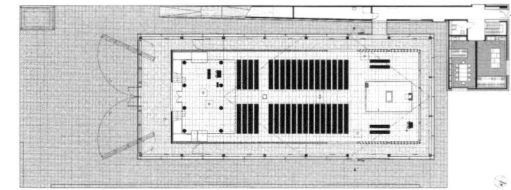

Aussegnungshalle in München

Standort | *Location*
Straße am Mitterfeld 68,
München-Riem

Bauzeit | *Construction Time*
1998 - 2000

Bauherr | *Builder-Owner*
Landeshauptstadt München,
vertreten durch MRG GmbH,
München

Architekten | *Architects*
Prof. Andreas Meck
(meck architekten) und
Stephan Köppel (Architekt),
München

Gegenüber dem Eingang des alten Friedhofes sind die neuen Gebäude als strenges Geviert im sonst fließenden Landschaftspark Riem angeordnet.

Die einfachen Gebäude bilden zusammen mit den rauen Umfassungsmauern einen Ort der Stille. Drei Höfe gliedern die Anlage. Der mittige, ruhige Eingangshof ist Ausgangspunkt für die Wege des Besuchers in den Friedhof, in die Aussegnungshalle, zu den Aufbahrungszellen und zum Eingang des alten Friedhofsbereiches.

Die Gebäude sind als schwere Körper konzipiert. Natürlich alternd, massiv und unbehandelt, bestimmen Eiche, Cor-Ten-Stahl, Beton und Naturstein das Bild.

Die Aussegnungshalle ist unter ein bergendes Dach gestellt: ein glatter Eichenholzkubus, ganz im Gegensatz zu den aus Bruchsteinen gemauerten Hofumfassungswänden und den Böden aus Stein.

Die Stimmung im Inneren ist durch das warme Holz der Umfassungswände und einen introvertierten Charakter geprägt. Eine goldene Wasserfläche als Blickpunkt verleiht dem Raum ein besonderes Licht. Von der Aussegnungshalle geht der Weg des Sarges über den gedeckten Vorhof am Wasser und an der Totenglocke vorbei zum Friedhof. Über knirschenden Kies erreicht man die Bestattungsflächen, die wie Toteninseln in der Landschaft liegen.

The new buildings are located in the Riem landscape park and form a quadrangle located across from the entrance to the old cemetery. The complex comprises three courtyards. The central entrance courtyard accesses the cemetery, the funeral chapel, the coffin rooms and the old cemetery.

The funeral chapel is housed underneath a protecting stone roof. As a smooth oak-wood cube, it forms a contrast to the rough quarry stone masonry of the courtyard walls.

The atmosphere inside is enhanced by the warm wood material of the space-defining walls. A golden-like water surface serves as a focal point here that imbues the space with unique light.

The path from the funeral chapel leads across the roofed courtyard, alongside the water, by the belfry, and on to the cemetery.

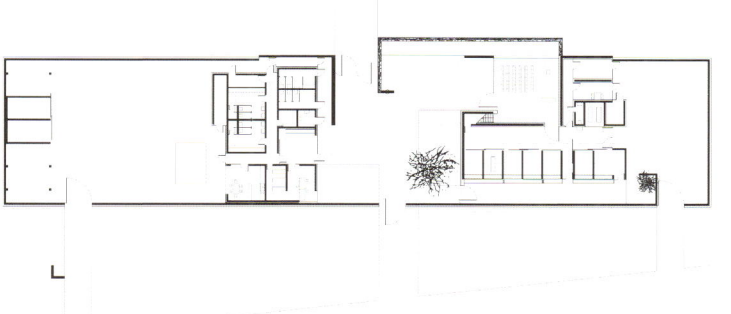

links:
Die Aussegnungshalle –
ein Kubus aus Eichenholz
oben:
Drei Höfe – ein Ort der Stille
unten:
Grundriss

Kirche St. Franziskus in Regensburg

Standort | *Location*
Kirchfeldallee 3,
Regensburg-Burgweinting

Bauzeit | *Construction Time*
2001 - 2004

Bauherr | *Builder-Owner*
Katholische Kirchenstiftung
Regensburg-Burgweinting

Architekten | *Architects*
Königs Architekten, Köln

Die neue Pfarrkirche liegt unmittelbar am Ortseingang. Die Umgebung ist von der typischen Heterogenität eines Ortsrandes geprägt. Der Kirchengrund wird von einer Mauer eingefasst und schließt neben der neuen Kirche auch den Friedhof, die alte Kirche und das neue Wohnhaus des Pfarrers, das neue Pfarrheim und einen neuen Glockenturm mit ein. Nach dem Durchschreiten der Vorhalle, die eher dem Außenraum zugehörig erscheint, betritt der Besucher über eine niedrige Raumschleuse den Kirchen-innenraum. Hier trifft er auf eine völlig andersartige Raumgeometrie und Lichtführung, als er es von außen hätte erwarten können. Weiche Konturen, sich diskontinuierlich neigende Wände und ein diffuser Lichteinfall bestimmen den Raumeindruck.

Infolge der unterschiedlichen Volumina von Innen und Außen ergibt sich ein Zwischenraum, der als Masse in Erscheinung tritt. Seitenräume sind als autonome Volumina in diese Masse eingeschnitten.

Das Tageslicht fällt durch den Filter einer durchscheinenden Membran über den Dachraum ein. Je nach Sonnenstand ergibt sich eine wechselnde Lichtwirkung. Die Membran lässt das Dach von innen nicht erkennen. So bleibt der eigentliche Kirchenraum mit seiner geheimnisvollen Lichtführung ein Ort meditativer Ruhe.

The new parish church is located directly on the edge of the town. The church site is enclosed by a wall and includes, in addition to the new church, a cemetery, the old church, a rectory, a congregation center and a new bell tower.
After passing through the vestibule, visitors reach the interior church space via a low entrance space and are met with a

links:
Äußerlich ein strenger Kubus
rechts:
Die neue Kirche

surprising spatial composition and refined natural lighting. Smooth contours,
tilting walls and diffuse light form the
spatial impression.
Daylight flows into the space through
the filtering translucent membrane
above the roof space that also blocks a
direct view of the roof from inside. This
allows the church space itself to remain
mystically lit place of tranquility.

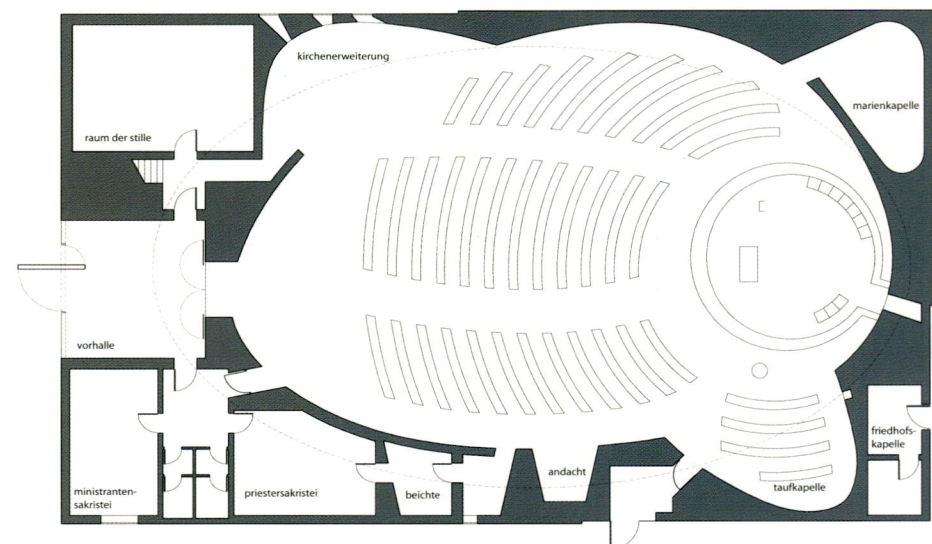

links:
Grundriss
rechts:
Innen weiche Rundungen
und Wolken

Standort | *Location*
Steinstr. 22,
Wolfratshausen-Waldram

Bauzeit | *Construction Time*
1994 - 1998

Bauherr | *Builder-Owner*
Erzbischöfliches Ordinariat
München, Baureferat

Architekten | *Architects*
Architekten BDA
Claus + Forster, München

Pfarrhaus, Kirche und Turm umschließen einen fast quadratischen Platz, einen Ort der Gemeinschaft und Begegnung.
Der quadratisch konzipierte Kirchenraum wurde seiner Bedeutung gemäß
aus einem Achteck entwickelt: Acht ok-
togonal gestellte Holzstützen tragen,
von der massiven Umfassungswand ge-
löst, ein Zeltdachtragwerk aus Holz.
Der Baukörper wirkt leicht, geprägt
durch die Holzkonstruktion mit den
weit ausladenden Vordächern, die waagerechten Glasbänder und die großen
Glasflächen der Eingangshalle. Die unter die Holzkonstruktion gestellten
Massivwände mit ihren gegliederten
Fensterflächen weisen auf die introvertierte Nutzung hin.
Die Abweichung von der typischen
Ziegeldeckung des Ortes durch Blech-
dächer wurde bewusst eingesetzt. Das
Pfarrzentrum wird so zu einer eigenen
Einheit und verleiht der besonderen
Nutzung Ausdruck.
Im Kirchenraum herrscht eine reduzier-
te Architektursprache. Durch das para-
belförmig angeordnete Gestühl, um die
liturgische Mitte der Altarinsel herum,
wird die Idee der Gemeinschaft kon-
kret. Die Empore für Orgel und Sänger
gleicht einem eingestellten Möbel und
definiert wiederum den Übergangsraum
vom profanen zum sakralen Bereich.

*Rectory, church and tower define an al-
most square plaza. The church space is
based on a square and was developed
from an octagon. Eight octagonal wood-
en column elements carry the tent-like
wooden roof structure. The building
mass seems light. This is due to the
wooden structure with generous canopy
roofs, the horizontal window ribbons,
and the large glass surfaces of the entrance hall. The variegated windows of
the massive walls located at the base of
the wooden structure suggest an introverted building use.*
*The parabolic seating arrangement
wrapping about the altar island inside
the church allows the concept of a liturgical community to become reality.*

links:
Die Altarinsel
rechts:
Blechgedeckter Kirchenbau
mit Glockenturm

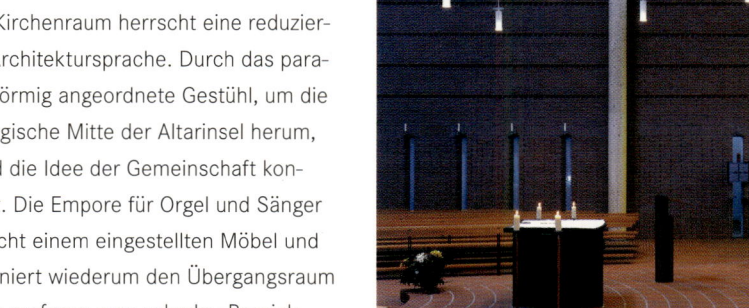

Karmelitinnenkloster in Wemding

Standort | *Location*
Kapuzinergraben 21, Wemding

Bauzeit | *Construction Time*
1998 - 2000

Bauherr | *Builder-Owner*
Diözese Eichstätt

Architekt | *Architect*
Karl Frey,
Diözesanbaumeister, Eichstätt

Ein neues Heim fanden die Karmelitinnen in Wemding im alten Kapuzinerkloster. Die Gebäude waren renovierungsbedürftig und es fehlten zahlreiche Räume. So entstand in der Verlängerung der Kirchenachse ein neuer Karmel in Gestalt eines Quaders, der nun den öffentlich zugänglichen Bereich definiert.

Ansatzlos ragen die Wände des milchweißen Monolithen aus glattem Sichtbeton aus der Erde. Zum Garten hin folgt er in Stufen dem Geländeverlauf und öffnet sich mit großen Fensterflächen zu den Werkstätten und den darüber befindlichen Gästezimmern, während er der lauten Straße mit einer geschlossenen Front begegnet.

Bei der Restaurierung des Klosters wurde die Zellenstruktur der Kapuziner mit Tisch, Bett und Stuhl beibehalten. Hinzu kamen zwei Gemeinschaftswaschräume. Dem Selbstverständnis der Karmelitinnen gemäß wurden Chor und Altar neu gestaltet, indem beide Bereiche in separa-

te Zonen verwandelt wurden. Ein Eisengitter und Schiebetüren aus Kastanienholz trennen Chor und Kirchenbänke. Milchfarben wie der Beton sind die Böden aus Jurakalk im Kreuzgang, im Kreuzganginnenhof sowie im Altarbereich. Holz als warmer Kontrast wurde verwendet für den Fußboden in den Zellen, für die inneren Wandschalen und für die Zwischenwände im Neubau.

A new Carmelite monastery in cuboid form was built within an old Capuchin monastery and now defines a zone accessible to the public. The monolithic exposed concrete building mass follows the site topography and opens up with large windows to the workshops and the visitor's rooms located above them. During the renovation of the monastery the original cell structure of the Capuchins was preserved. Two common wash

links:
Jetzt getrennt –
Altar und Chor
rechts:
Eingang zur Kirche
und zum neuen Karmel

*rooms were additionally foreseen.
The choir and altar realms were defined
as separate zones. An iron gate-work
and sliding doors separate the choir
zone from the pews. The floor surfaces
of the cloister, the inner cloister courtyard, and the altar zone are laid in matte
Jura limestone. Warmth emanating wood
was used as flooring in the cells.*

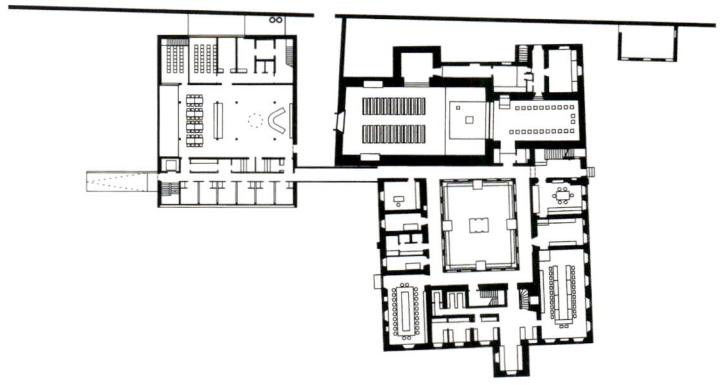

links:
Grundriss
oben:
Der neue Karmel

Pfarrkirche St. Peter in Wenzenbach

Standort | *Location*
Hauptstr. 14, Wenzenbach

Bauzeit | *Construction Time*
2001 - 2003

Bauherr | *Builder-Owner*
Katholische Kirchenstiftung
Wenzenbach

Architekten | *Architects*
Brückner & Brückner
Tirschenreuth

Man betritt die erweiterte und umgebaute Kirche axial durch den Haupteingang an der Stelle des ehemaligen Sei-
teneingangs. Von hier erreicht der
Besucher den zentralen Eingangsbereich: Rechter Hand erschließt sich das
alte Kirchenschiff mit der Tageskapelle,
linker Hand die neue Sakristei; in der
Achse wird der neue Kirchenraum sichtbar. Am Schnittpunkt von Alt und Neu
befindet sich das Taufbecken, darüber
die Empore mit Orgel und Chor.
Der schiffsförmige Grundriss des Er-
weiterungsbaus ermöglicht eine Sitzan-
ordnung mit zentrierten Elementen und
eine zunehmende Lichtqualität zum
Altarbezirk hin, der halbkreisförmig
gestuft ist.
Geprägt wird der Raum durch seine natürliche Lichtführung in Verbindung mit
den blauen Gläsern, den außen davor
stehenden Holzbalken und den Sitz-
bänken aus Eichenholz. Der Grundriss
wird überspannt von einer strukturier-
ten Lärchenholzdecke, die die Schiffs-
form nachzeichnet.
Die Eingriffe in das alte Kirchenschiff
erfolgten überwiegend im Bereich der
Durchdringung von Alt und Neu und
teilweise im Dachgeschoss. Dies er-
möglichte eine räumliche Differen-
zierung und eine ruhige Gestaltung der
Innenräume. Der Künstler Helmut Lang-
hammer gestaltete die liturgischen Orte
und den Kreuzweg im Fußboden.

One enters the extended church on axis
through the main entrance and reaches
the central entrance zone. To the right
the old church nave and the day chapel
are accessed, to the left one finds the
new sacristy. The baptismal font is locat-
ed at the intersection of old and new
structures. Above it, the balcony houses
the organ and the choir.

links:
Das neue Kirchenschiff
rechts:
Alt und Neu verschmolzen

The ship-form of the extension building's floor plan allows for seating oriented toward the altar zone to be laid out in a stepped half-circle. The space is characterized by its natural lighting in combination with blue glass elements and wood beams located in front of them on the exterior. The floor plan is spanned by a larch ceiling of wood that echoes the ship form.

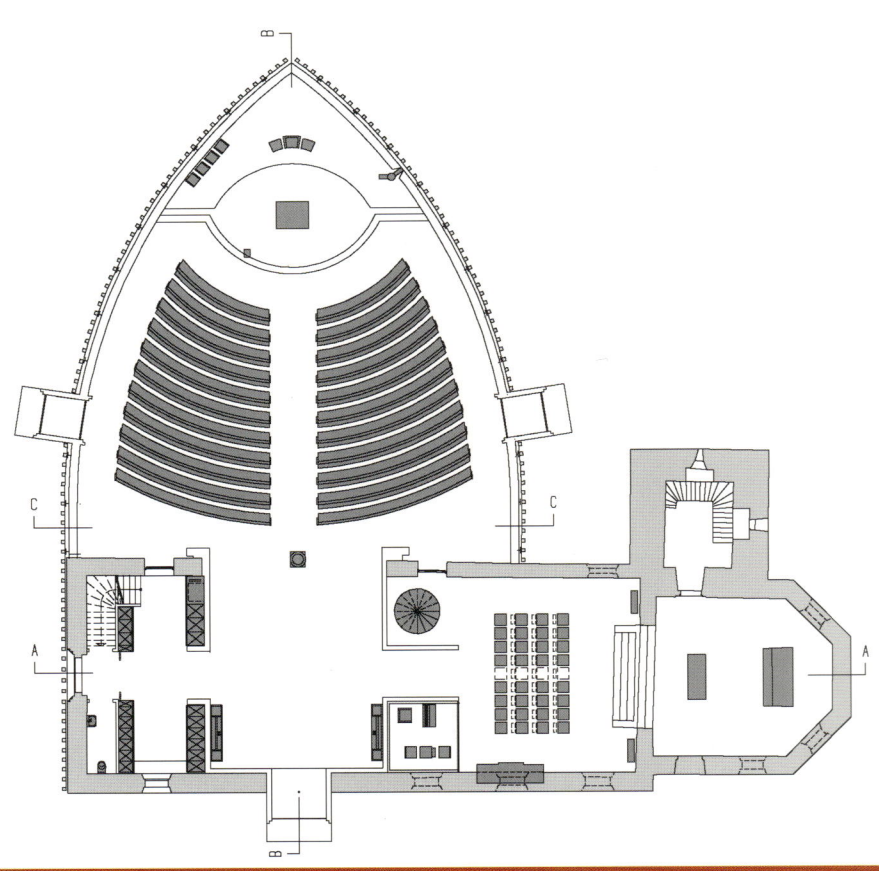

links:
Grundriss
rechts:
Inszenierte Mitte,
in blaues Licht getaucht

Kirche St. Thomas von Aquin in Berlin

Standort | *Location*
Chausseestr. 128, Berlin-Mitte

Bauzeit | *Construction Time*
1997-1999

Bauherr | *Builder-Owner*
Erzdiözese
Berlin-Brandenburg

Architekten | *Architects*
Höger Hare Architekten,
Thomas Höger, Sarah Hare,
Berlin

Die Idee der Kirche ist die einer massiven Konstruktion, die sich in Licht auflöst; ein Raum, der trotz seiner Geschlossenheit fließende Grenzen aufweist. Granitplatten aus Santiago de Compostela und gegossene Glasplatten gleicher Dimension aus Weißglas wurden unregelmäßig geschichtet. Beide sind gleichberechtigte Elemente der Wandkonstruktion, deren struktureller Kern jedoch aus einer fünf Meter hohen durchlöcherten Betonscheibe und einem darüber liegenden „römischen" Mauerwerk aus gebrannten Ziegeln besteht.

Von unten nach oben hin erscheinen zunehmend mehr Glasplatten im Mauerwerk, bis es sich im Licht aufzulösen scheint. Der Ort öffnet sich so nach außen und man kann innen den Tagesverlauf wahrnehmen.

Das Dach bildet ein einfacher Baldachin, der wie ein Tisch oder ein Altar zwischen den Mauern steht, ohne diese zu berühren. Betreten wird der Raum durch hohe, in die Mauern geschnittene Tore, durch die der Besucher am Weihwasserbecken vorbei entlang der Mauern hineingeht. Die sakrale Kunst stammt vom Künstler Norbert Rademacher, die Möblierung wurde von Axel Kufus zusammen mit Norbert Rademacher und den Architekten entwickelt.

The church is a massive structure that seems to dissolve in light. Granite slabs and white glass panels form irregularly layers. Both are elements of the wall construction that has a structural core comprised of a five meter high, perforated concrete slab and is faced with burnt brick masonry. The number of glass panels increases as the building rises and ultimately virtually dematerializes into light.

links:
Der Altar
rechts:
Nach oben scheint sich
die Mauer aufzulösen.

The roof is a simple baldachin that stands like an altar between the walls, while at the same time not touching them. The space is entered through tall gates cut into the walls. Visitors proceed through them, pass by the stoup, and continue along the path defined by the walls.

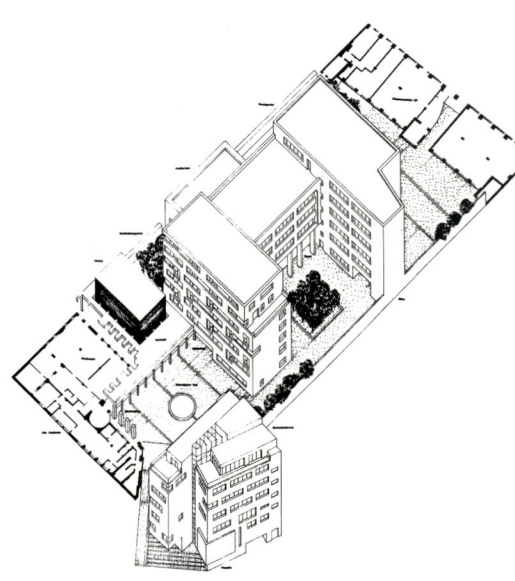

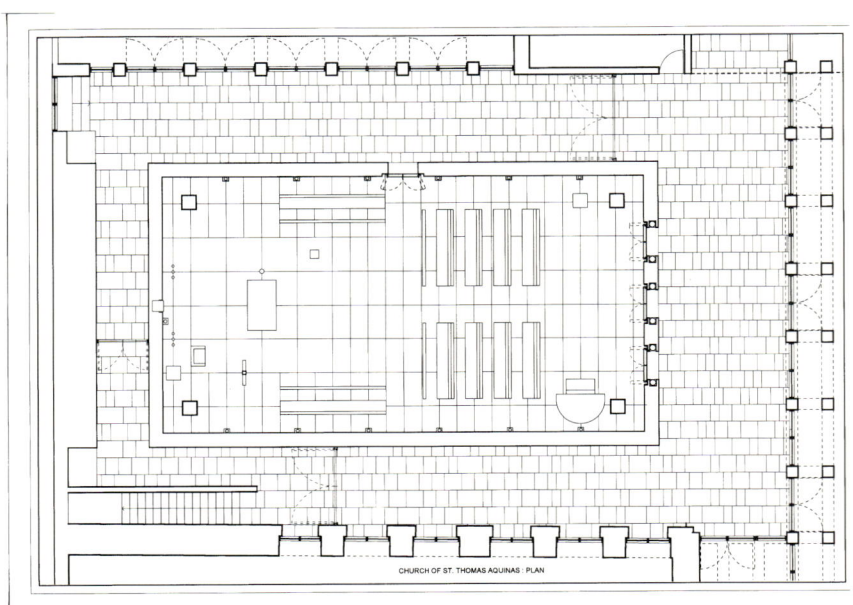

CHURCH OF ST. THOMAS AQUINAS · PLAN

oben links:
Axonometrie der Gesamtanlage
unten links:
Grundriss Kirche
rechts:
Das Dach steht wie ein
Tisch zwischen den Mauern.

Kirche St. Canisius in Berlin

Standort | *Location*
Witzlebenstr. 30,
Berlin-Charlottenburg

Bauzeit | *Construction Time*
2000 - 2002

Bauherr | *Builder-Owner*
Katholische Kirchengemeinde
St. Canisius,
Berlin-Charlottenburg

Architekten | *Architects*
Heike Büttner,
Claus Neumann,
George Braun, Berlin

Als Teil der Blockrandbebauung am Lietzensee findet die Kirche aus Sichtbeton ihren Ort als Solitärbau inmitten von Brandwandsilhouetten.

Die Kirche besteht aus einem umschlossenen und einem offenen Raum und rahmt die umgebenden innerstädtischen Sicht- und Raumbeziehungen neu. Der Innenraum beschreibt eine Durchdringung von Kreis- und Rechteckformen. Zentrales Element ist ein eingeschriebener Kreis, um dessen frei bleibendes Segment sich Funktionsräume der Sakristei, das Beichtzimmer mit Beichtstuhl und ein Vorbereitungsraum für Feierlichkeiten anordnen.

Die eingestellten hölzernen Raummodule der Marienkapelle und des Eingangshauses werden durch schlitzartige Kirchenfenster belichtet. Die liturgischen Orte Taufbecken, Tabernakel, der Ort der Marienverehrung als Tageskapelle und der Beichtraum mit Beichtstuhl sind als Punkte im Raum verteilt. Altar und Ambo, begrenzt durch eine schützende Wand, bilden die ,innere Mitte'. Das gebogene Glassegment im Osten, der Wandschlitz im Deckenbereich gen Norden und die Glasfläche zum ,Offenen Raum' mit biblischen Geschichten aus bemaltem Glas unterstreichen die Feierlichkeit des Raumes.

The church is comprised of an enclosed and an open space and defines a new framework for the surrounding sightlines and spatial relationships.
An inscribed circle forms the central element of the interior space. Functional spaces such as the sacristy, the confession room and a preparatory room for ceremonies are distributed around its free segment. The seemingly inserted spatial modules of the Maria chapel and the entrance house are lit by strip-like church windows. Baptismal font, tabernacle, day chapel and confession room are distributed across the space. The altar and the lectern form an "inner center". The curved glass element, the wall slit near the ceiling and the glass surface facing the "open space" all underscore the sacral nature of the space.

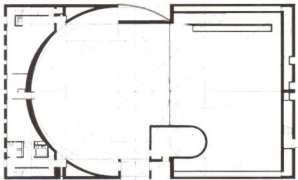

links:
Innen – Durchdringung von
Kreis- und Rechteckformen
oben:
Solitärbau mit Turm inmitten
von Brandwandsilhouetten
unten:
Grundriss

Standort | *Location*
Bernauer Str. 111,
Berlin-Mitte

Bauzeit | *Construction Time*
1999 - 2000

Bauherr | *Builder-Owner*
Evangelische
Versöhnungsgemeinde

Architekten | *Architects*
Rudolf Reitermann/
Peter Sassenroth

An der Bernauer Straße, einem Inbegriff der deutschen Teilung, entstand nach der Wiedervereinigung ein Ensemble, bestehend aus der Gedenkstätte Berliner Mauer, einem Dokumentationszentrum und der Kapelle der Versöhnung. Die Versöhnungskirche, eine der zahlreichen Großkirchen aus der Zeit Kaiser Wilhelms II., stand nach dem Mauerbau mitten im Todesstreifen. Sie war weder von Gläubigen aus Ost- noch aus West-Berlin erreichbar. 1985 wurde sie von der DDR-Regierung gesprengt.

Über den teilweise noch sichtbaren alten Fundamenten baute die Gemeinde nach der Rückübertragung des Grundstücks im einstigen Chorbereich ein neues Gotteshaus. Die leichte und transparente Fassade aus Holzlamellen schafft einen Übergang zwischen innen und außen in Form eines Wandelganges. Der Gebäudekern besteht aus unverkleidetem Stampflehm; von hoher Symbolkraft ist, dass gebrochene Backsteinreste der alten Kirche dem Baumaterial beigemischt sind.

Die ellipsenartige Grundrissform setzt sich zusammen aus der Achse der Vorgängerkirche, definiert durch die ortsidentische Aufstellung des geretteten Altarretabels, und einer neuen Ostung durch die Ausrichtung des aktuellen Altars.

The former Church of the Reconciliation in central Berlin stood directly in the no man's land of the Berlin Wall and was razed in 1985. The congregation erected a new structure above its partially visible foundations. The facade constructed in wooden slats creates a colonnade-like transitional space between inside and outside. The building core is made of exposed adobe. Remnants of the old building bricks were mixed into the adobe to create an especially symbolic statement. The elliptical floor plan incorporates the axis of the former church that is marked by an altar remnant that stands on the place of the former altar. The current altar is shifted out of this axis and hence is foreseen with an new easterly orientation.

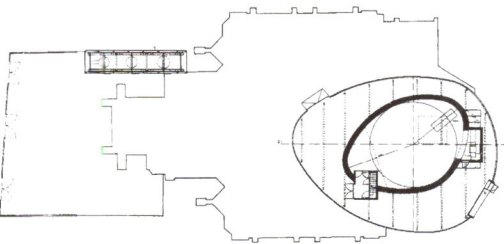

links:
Alter und neuer Altar
oben:
Ellipsenförmiger Bau
mit Lamellenfassade
unten:
Grundriss

Kirche zu Wartenberg in Berlin

Standort | *Location*
Falkenberger Chaussee 93,
Berlin-Hohenschönhausen

Bauzeit | *Construction Time*
1999 - 2000

Bauherr | *Builder-Owner*
Kirchengemeinde Wartenberg

Architekten | *Architects*
MEP Meyer,
Ernst und Partner, Berlin

Hohenschönhausen liegt im Nordosten der Hauptstadt, wo nach der Wende die neue, im Grundriss elliptische Kirche in einer städtischen Landschaft mit Plattenbaustruktur errichtet wurde. Mit ihrer Außenhaut aus Backstein, die eine Betonstruktur umkleidet, greift die Kirche Traditionen auf, jedoch weit entfernt vom deutschen Stil der Kaiserzeit.
Die Form steht für ein Schiff und auch für die wechselhafte Polarität des Lebens.
In der Mittelachse ist die Kirche durch ein offenes Foyer in Sakral- und Alltagsbereich getrennt. Glasflächen markieren diese Fuge und machen die Struktur innen wie außen ablesbar. Im Foyer sind historische Grabtafeln der Familie von Humboldt, die Kirchenfahne der Falkenberger Kirche, Konsolsteine der Wartenberger Kirche aus dem 15. Jahrhundert und alte Bilder zu sehen. Der Fußboden ist mit italienischer, handgeformter Terrakotta ausgelegt. Der Sakralraum sucht das evangelische Thema „solus Christus" aufzunehmen und stellt den Tisch Jesu, den Altar, in die Mitte. Taufbecken und Kanzel stehen im Rund der Gemeinde, aus der die Ordination zur Verkündigung des Wortes und zur Taufe erwächst. Dies ist der sakrale Arm des Kreuzes. Der andere

Arm ist das Leben der Gemeinde: Gästezimmer, Gemeinderäume, Büros, Jugendbereiche.

This new church with an elliptical floor plan is located in Hohenschönhausen. Its exterior walls are made of brick that is used as facing for the concrete structure. The ship-like church is divided along its central axis into an open foyer and a sacral/exhibition zone. Glass surfaces mark this gap.
Historic gravestones of the Humboldt family, console stones from Wartenberg Church dating from the 15th Century, and old paintings are on display in the exhibition space. The floor is tiled in hand-formed terracotta.
The sacral space interprets the Protestant notion of "solus Christus" by placing the altar in the center of the space. The baptismal font and the pulpit stand within the circle of the congregation.

links:
Kirchenraum mit Dachlaterne
rechts:
Die elliptische Kirche
inmitten von Plattenbauten

Standort | Location
Kiefholzstr. 222,
Berlin-Treptow

Bauzeit | Construction Time
1996 -1999

Bauherr | Builder-Owner
Bezirksamt Treptow von Berlin
(Leasingnehmer),
DEGECIVO GmbH, Eschborn
(Leasinggeber)

Architekten | Architects
Axel Schultes Charlotte Frank
Axel Schultes Architekten,
Berlin

„Die Menschen sterben und sie sind nicht glücklich" – daran kann auch Architektur nichts ändern. Einen Ort der Ruhe, einen Raum der Stille bereithalten, das vermag sie aber auch heute noch. Ein öffentlicher Raum, eine piazza coperta inmitten dieser kleinen Totenstadt versammelt die Vielen und bewahrt Abstand für den Einzelnen, ist Katalysator all unserer Befindlichkeiten; die Säulen mit ihren Lichtkapitellen stellen diesen Raum in den einzig möglichen Bezug: in den Kontrast einer Kosmologie von beseelter, aufgetürmter Erde und der Sonne mit ihrem Licht. Die Feierhallen – zwei Hallen für 50, eine für 250 Personen – sind nichts als aufgeschlitzte steinerne Kisten, mit ihrer offenen Front eingestellt in eine zweite gläserne lamellengesteuerte Hülle: der Tote, der Sarg, die Urne also schon außen vor, im Reich des Lichts, schon Teil des Himmels, der Wolken, der Bäume.
Als ausgehöhlter, fugenloser Quader von 50 mal 70 Metern, 10 Meter tief in der Erde, 10 Meter darüber, als ein Stein, als Grabstein besteht dieser Bau auf der materialen Konsistenz aller seiner Räume.

'People die and they know no happiness'. Even if architects can do little to alter this they are still able to create peaceful places, rooms for quiet meditation. One public space, a covered square in the middle of this little city of the dead, allows many people to come together under one roof yet each preserve a measure of privacy. It acts as catalyst for all our sensitivities. The columns with their luminous capitals establish the inevitable cosmological relationship between sun and the seething earth.
The halls – two accommodating 50 people, one with capacity for 250 – are nothing more than stone boxes with their open front encased in a second glass membrane, controlled by lamella.

links:
Vorraum mit Säulen
rechts:
Vorhof zum Eingang
zwischen Lamellenfassade

Sehitlik Moschee in Berlin

Standort | *Location*
Columbiadamm 128, Berlin-
Neukölln

Bauzeit | *Construction Time*
1998 - 2004

Bauherr | *Builder-Owner*
Türkisch-Islamische Union der
Anstalt für Religion e.V.

Architekt | *Architect*
Muharrem Hilmi Senalp
(Architekt M.A.)

Bereits 1866 erhielt die türkische Gemeinde den Bauplatz, auf dem später
die größte und schönste Moschee
Berlins (mit angeschlossenem Kultur-
zentrum) entstehen sollte als Begräb-
nisstätte. Lange Zeit war dies der einzi-
ge islamische Friedhof in Mitteleuropa;
bestattet wurde hier – in unmittelbarer
Nachbarschaft des Flughafens Tempel-
hof – bis in die Achtziger Jahre.
Typologisch ist der steinverkleidete Neubau zur traditionellen osmanischen
Architektur des 16./17. Jahrhunderts zu
zählen. Blickfang sind die beiden 37
Meter hohen spitzdächrigen Minarette,
die auf acht Halbkuppeln ruhende Hauptkuppel mit 12 Metern Durchmesser sowie ein breites Vordach über dem
Eingangsbereich.
Türkische Künstler sorgten für die orna-
mentale Malerei und Kalligraphien der
Wände und Kuppeln. Bemerkenswert
ist die Anwendung von Mukarnas; bei
diesem in der islamischen Baukunst
früher häufig verwendeten Schmuck-
glied handelt es sich um skulpturale
Stalaktiken-Dreiecke, die den Übergang zwischen den Halbkuppeln und
den Wandflächen gestalten. Die Kom-
bination aus Iznik-Keramik und Marma-
ra-Marmor interpretierten durch die
Materialwahl die Bauformen der klassischen Moscheenarchitektur neu.

*The largest mosque in Berlin with its ac-
companying cultural center is located on
a site that was allocated to the Turkish
Congregation in 1866. Two 37 meter
high minarets form the focal point of the
composition. Eight half-domes support
the main dome measuring 12 meters in
diameter and the generous roof that defines the entrance zone. The walls and
domes of the mosque are foreseen with
ornamental paintings and calligraphy by
Turkish artists. The use of stalactite elements is especially notable. Building
forms of classical mosque architecture
were newly interpreted here by combining Iznik tile and Marmara marble.*

links:
Grundriss
rechts:
Neubau in klassisch-osmani-
schem Stil

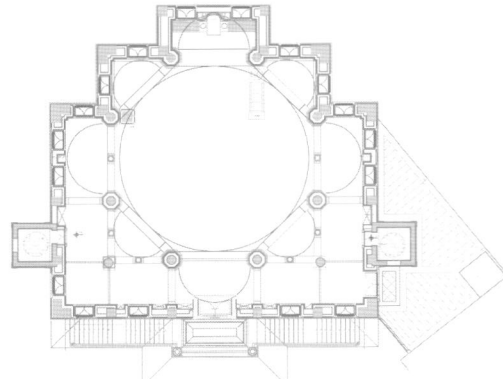

Versöhnungskirche in Potsdam

Standort | *Location*
Anni-von-Gottberg-Str. 14,
Potsdam-Kirchsteigfeld

Bauzeit | *Construction Time*
1996 - 1997

Bauherr | *Builder-Owner*
Evangelische
Kirchengemeinde und
Evangelisch-Methodistische
Kirchengemeinde

Architekten | *Architects*
Prof. Augusto Romano Burelli
/ Michael Oppert + Hartmut
Schnee

Potsdam-Kirchsteigfeld ist ein vollkommen neuer Stadtteil der einstigen preußischen Residenzstadt. In den Neunziger Jahren wurde die multifunktionale Siedlung nach einem städtebaulichen Entwurf von Rob Krier und Christoph Kohl errichtet. Die verschiedenen Quartiere gruppieren sich um einen zentralen Stadtplatz. Dieser ist dominiert von der Versöhnungskirche: einer Simultankirche für zwei unterschiedliche evangelische Religionsgemeinschaften mit kirchlich-kommunalem Gemeindezentrum.

Selbst wenn nur etwa ein Sechstel der gesamten Nutzfläche des Bauwerks von der sakralen Funktion eingenommen wird, übernimmt es die stadträumliche Funktion einer Kirche in einem ganz traditionellen Sinn. Hierzu trägt insbesondere der weithin sichtbare Turm bei – dessen Helm mit Solarzellen einer Photovoltaikanlage bestückt ist. Der gemeinsam genutzte kubische Kirchsaal ist innerhalb des Gebäudes aus der Hauptachse verschwenkt; er gewinnt dadurch einen hohen Grad an Unabhängigkeit. Darüber hinaus erhebt er sich in Form eines schrägen Daches über die Traufkante des streifenweise in zwei Ockertönen verputzen Baukörpers.

The multifunctional architecture of Potsdam's new district of Kirchsteigfeld (built in the 1990s based on a design by Rob Krier and Christoph Kohl) is grouped around a central square. Dominating this square is the Versöhnungs-Kirche, the Church of Reconciliation – a church serving two distinct Protestant congregations with their single denominational community centre. The building, with its prominent steeple, has the traditional function of an urban parish church. The cubic nave, centrally located and used by both congregations, is aligned askew to the church's longitudinal axis, giving it a measure of independence from the rest of the structure. The nave rises in the form of a slanting roof above the eaves of the building.

links:
Blick zum Altar
oben:
Weithin sichtbar –
der Kirchturm
unten:
Grundriss

65

Raum der Stille im Klinikum Bremen-Mitte

Standort | *Location*
St.-Jürgen-Str. 1,
Bremen-Mitte

Bauzeit | *Construction Time*
2004

Bauherr | *Builder-Owner*
Bremische Evangelische
Kirche, Katholischer
Gemeindeverband,
Klinikum Bremen-Mitte

Architekten | *Architects*
Architekturbüro Ulrich Tilgner,
Bremen

Im Klinikum Bremen-Mitte entstand ein Ort der Stille, in dem die betriebsame Atmosphäre eines Krankenhauses nicht mehr spürbar ist.

Der Raum wird durch die besondere Lichtführung in Szene gesetzt. Sonst wirken die Materialien Holz und die wei-ßen Flächen für sich. Bearbeitetes und unbearbeitetes Holz halten stille Zwie-sprache – beim Anfassen des Tür-griffes, beim Gehen, beim Sitzen auf den Holzblöcken sowie beim Berühren der Baumstämme.

Die verborgenen, religiösen Symbole können entdeckt werden, erlauben aber auch ohne ein religiöses Ansinnen eine ganz persönliche Deutung der Symbole: Der Besucher kann seiner ei-genen Wahrnehmung der Dinge ver-trauen. Der Raum der Stille soll auf die-jenige Weise mit dem Besucher spre-chen, die er selber zulassen möchte.

This place of silence located in the hospital Bremen-Mitte creates a tranquil space amidst the hectic hospital atmosphere.

The space is characterized by special use of natural light. Wood and white surfaces are allowed to emanate their own individual qualities. Painted and natural wood surfaces are played off each other – they are experienced in different ways when touching the doorknob, moving through the space, sitting on the wooden blocks, and while touching the tree trunks.

The virtually hidden religious symbols are there to be discovered but can also be interpreted in individual ways. The visitor is invited to form his own perception of the things discovered here. In this sense, the place is there for everybody and nobody.

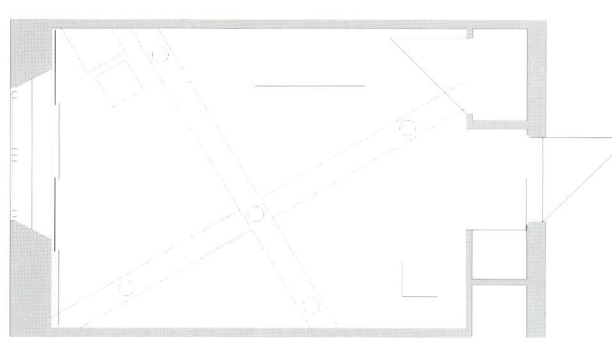

links:
Besondere Lichtführung
oben:
Vertrautheit in Material
und verborgener Symbolik
unten:
Grundriss

Birgittenkloster in Bremen

Standort | Location
Kolpingstr. 1 c,
Bremen-Schnoor

Bauzeit | Construction Time
2001 - 2002

Bauherr | Builder-Owner
Katholischer
Gemeindeverband, Bremen

Architekten | Architects
Architekturbüro Ulrich Tilgner,
Bremen

Das Birgittenkloster im Bremer Stadtteil Schnoor setzt sich aus drei getrennten Gebäuden zusammen: dem Äußeren Konvent, der für die Gäste des Klosters bestimmt ist; dem Inneren Konvent mit der Klausur für die Schwestern und der kleinen Kapelle sowohl für die Schwestern als auch für Gäste. Alle drei Gebäude werden durch eine einheitliche rot-orange Farbgebung des Putzes zu einer kleinen Klosteranlage.

Die vielfältigen räumlichen Anforderungen an Chorgebet, Anbetung sowie die Feier der Liturgie wurden für den kleinen Kapellenraum zur Gestaltungsgrundlage. Ein lichtdurchfluteter und freier Raum war die Antwort auf diese Vielzahl funktionaler Vorgaben. Das Gestaltungsthema für das Fenster ist ein Gebet der Heiligen Birgitta. Die liturgischen Orte Altar, Tabernakel und Ambo stehen – edel in Material und Durcharbeitung – auf einfachem Sandsteinboden, der Wegebezüge vom Eingang zum Weihwasserbecken sowie zum Altar und zur Reliquie herstellt. Ein Metallband umschließt den Altar und endet am kreuzförmig ausgebildeten Gartenfenster. Hier verbinden sich Text und Liturgie, Steinmetz- und Glaskunst. Die indirekte Ausleuchtung der Kapelle gibt den Luftraum frei und lässt einen ungestörten Blick auf das Kreuz zu.

The Brigittine monastery in Bremen's Schnoor district is comprised of three separate buildings: the outer convent, the inner convent with the enclosure, and a small chapel. The utilization of red-orange plaster on all three buildings allows them to form a unified complex. The design of the light-flooded chapel space is a direct response to specific requirements such as choir prayer, worship and liturgy. A prayer of Saint Brigitta is depicted in the window artwork. Liturgical elements such as altar, tabernacle and lectern all stand on the simple sandstone floor. A metal ribbon surrounds the altar and ends at the cross-formed garden window. The indirect lighting in the chapel allows an unimpeded view of the cross.

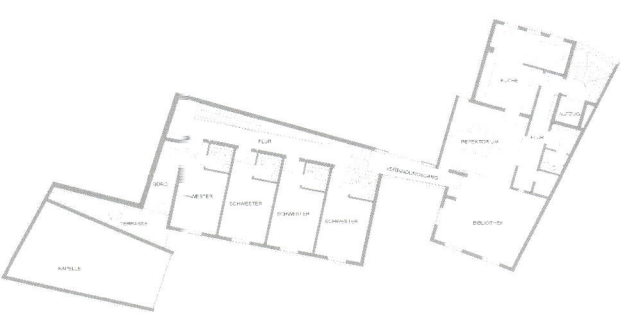

links:
Das kreuzförmige Gartenfenster
oben:
Der geschützte Kapellenraum
unten:
Grundriss

Fatih Moschee in Bremen

Standort | *Location*
Stapelfeldstr. 9, Bremen-
Gröpelingen

Bauzeit | *Construction Time*
1995 - 1997

Bauherr | *Builder-Owner*
Verein zur Erhaltung des
Islamischen Gebetsraumes
e.V.

Architekt | *Architect*
Asur Yilmaz, Dipl.-Bauing.,
Dörverden

1997 konnte die Fatih Moschee für die älteste und größte muslimische Gemeinde der Hansestadt fertig gestellt werden. Finanziert wurden die Baukosten von etwa 1,75 Millionen Euro aus Spenden. Der umliegende vorstädtische Raum erhält durch das 27,5 Meter hohe Minarett und die halbmondbekrönte Kuppel mit ihrem Durchmesser von 12 Metern eine markante Prägung. Sakrale und gemeindliche Funktionen sind auf insgesamt 706 m² Grundfläche in dem hellen, dreigeschossigen Komplex vereinigt. Dem rechteckigen Gebäude vorgestellt ist eine Treppenanlage, die in die eigentliche Gebetstätte für insgesamt 1.300 Gläubige im ersten Stock führt. Darüber hinaus sind in der Anlage unter anderem Caféteria, Bibliothek, Computerraum, Versammlungssäle, Büros sowie eine Wohnung für den Imam (Vorbeter) untergebracht. Rund 5.000 ornamentverzierte Kacheln aus der für dieses Kunsthandwerk berühmten anatolischen Stadt Kütahya wurden für die Innengestaltung verwendet. Kalligraphen aus der Türkei gestalteten die Koranverse.

The Fatih mosque was completed in 1997 to serve the oldest and largest Moslem congregation in this Hanseatic city. The 27,5 meter high minaret and the dome that spans 12 meters and is crowned with a half-moon are especially notable building elements. Sacral and congregational functions are united within this 3-storied complex. The prayer space that accommodates 1,300 worshipers is located in the first floor. Cafeteria, library, computer, meeting spaces, offices and an apartment were also integrated into the facility. 5,000 ornamental ceramic tiles from Kütahya were used to decorate the interior spaces. The calligraphic representation of Koran verses was created by Turkish script artists.

links:
Innenraum mit Kalligraphien
und Ornamentkacheln
oben:
Multifunktionaler
Moscheenkomplex

Standort | *Location*
Ostpreußenstr. 33a,
Friedrichsdorf-Seulberg

Bauzeit | *Construction Time*
1988 - 1995

Bauherr | *Builder-Owner*
Bischöfliches Ordinariat,
Limburg

Architekten | *Architects*
Hoechstetter und Partner
Architekten BDA, Darmstadt

links:
Grundriss
rechts:
Drei klar ablesbare
Baukörper und ein Turm

Als Ort der Begegnung und Raum zum Verweilen wurde hier ein Platz geschaffen, in den alle umgebenden Fußwege münden. Der Platz wird durch drei wesentliche Bauteile mit klar ablesbaren Baukörpern gerahmt: die Kirche mit Festsaal, das Pfarrhaus und der Glockenturm. Der Niveausprung im Gelände schafft mittels Sitzstufen einen abgeschirmten Platzbereich.

Die Haupteingänge zu Kirche und Pfarrhaus befinden sich auf dem oberen Platzniveau.

In das großzügige Foyer, das sich zum Platz hin öffnet, ist die Außentreppenanlage integriert. Der klare Rechteckraum der Kirche mit Festsaal wird durch die Ausbildung der Decke im Detail und durch eine besondere Lichtführung geprägt. Die unterspannten Stahlträger mit der Decke aus Holz vermitteln einen Eindruck von Leichtigkeit. Im Sakralraum löst sich die Decke von der Wand, so dass Licht hereinfällt und die Decke zu schweben scheint.

Die Dachformen wurden auf die Erfordernisse des jeweiligen Innenraums abgestimmt: eine einfache Flachdecke über Wohnhaus und Nebenräumen, Stahl- und Holzkonstruktionen über Foyer und Sitzungsraum bis hin zu seilunterspannten Stahlträgern mit integrierten Oberlichtbändern über Kirche und Festsaal.

Three footpaths lead to a plaza that is spatially defined by three buildings: the church/congregation hall, the rectory and the bell tower. Steps for sitting create a shielded zone.

The main entrances to the church and to the rectory are located on the upper plaza level. The clear, rectangular church space is characterized by the ceiling and by special lighting. The steel trusses and the wooden ceiling allow the space to seem light and airy. The roof forms express the different uses of the various spaces: a flat roof is used for the house and for auxiliary spaces, steel and wood structures are used for the foyer and meeting hall and steel trusses span the church and congregation hall.

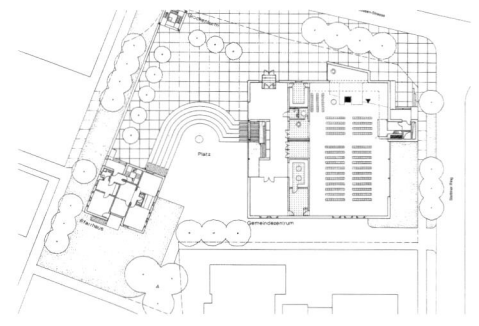

Beichtkapelle im Kloster Frauenberg in Fulda

Standort | Location
Am Frauenberg 1, Fulda

Bauzeit | Construction Time
2001-2002

Bauherr | Builder-Owner
Thüringische
Franziskanerprovinz,
Kloster Frauenberg, Fulda

Architekten | Architects
Ollertz & Ollertz,
Dipl.-Ing. Architekten BDA,
Fulda

Die Geschichte des Frauenberges beginnt mit der Gründung der Abtei Fulda durch den Heiligen Bonifatius im Jahr 744. Unter Abt Ratgar wurde hier die erste Kirche gebaut, im 11. Jahrhundert wurde das weltpriesterliche Stift zur Benediktinerniederlassung. Zerstört im Bauernaufstand, wurde das Kloster 1570-1606 neu errichtet. 1623 wurden das Kloster und Kirche an die Franziskaner übergeben. Nach einem Brand wurde es 1763 wieder aufgebaut. Zwischen 1999 bis 2004 erfolgten Sanierung und Umbau der Anlage, wobei eine neue Beichtkapelle im Innenhof errichtet wurde.
Der Neubau sollte den historischen Bestand so wenig wie möglich stören. Daher wurde ein massiver eigenständiger Rundbau gewählt, der die historische Fassade nur mittels eines Verbindungsgangs aus Ganzglas berührt. Fassade und Dachfläche des Neubaus wurden mit dunklem Walzblei verkleidet. Dieser Farbkontrast schafft Distanz im beengten Innenhof und verleiht dem Rundling die Wirkung eines Ruhepols. Kontrastierend dazu präsentiert sich die Kapelle im Innere‡n hell, belichtet durch eine ringförmige Verglasung im Dach, ein kreisförmiges Oberlicht und durch Fensterschlitze in der Fassade. Der Altar aus weißem Marmor und die Metallplatte mit der Gestalt Jesu wurden von Rudolf Kurz aus Ellwangen gestaltet.

The history of the Frauenberg begins with the founding of Fulda Abbey here in the year 744. The complex became a Benedictine monastery in the 11th century and was passed on to the Franciscan order in 1623. From 1999 to 2004 the complex was renovated and refurbished to include a new confession chapel in the inner courtyard.
To impend on the historic surroundings as little as possible the new building was foreseen as a circular form. Its only connection to the historic facade occurs via a connecting passageway built entirely in glass. The facades and roof surfaces of the new building are made of dark lead sheathing.
The light-filled interior of the chapel stands in clear contrast to the darker material outside. Ring-shaped glazing in the roof, a circular skylight and window slits all bring natural light into the space.

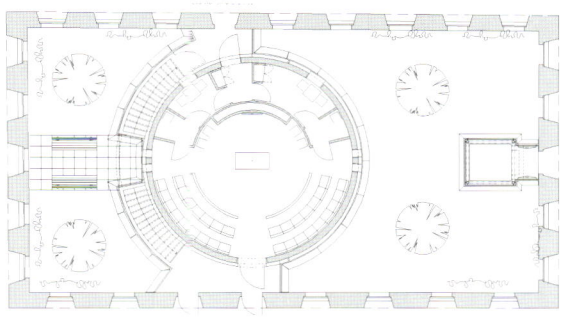

links:
Eigenständig – der neue
Rundbau
oben:
Der Innenraum – hell belichtet
unten:
Grundriss

Heilig-Kreuz-Kirche in Grebenau

Standort | *Location*
Bornwiesenweg 6, Grebenau

Bauzeit | *Construction Time*
2002 - 2003

Bauherr | *Builder-Owner*
Katholische Kirchengemeinde
Grebenau

Architekt | *Architect*
Markus Kollmann,
Saarbrücken

Die 1954 mit engagierter Mitarbeit von Heimatvertriebenen errichtete katholische Kirche benötigte eine Sanierung und eine Erweiterung, da sich im Zuge der Öffnung Osteuropas neue Gemeindemitglieder am Ort angesiedelt haben und die bestehende Kirche zu klein wurde. Der Architekt erarbeitete eine Neuordnung der alten und neuen Räumlichkeiten.

Die Fenster der alten Kirche wurden zugemauert, das alte Dach mit dunkler Decke abgetragen und der neue Dachstuhl mit einer gläsernen Lichtfuge oberhalb der Kirchenmauer aufgesetzt. Das so einströmende Seitenlicht erhellt den glatt geputzten Raum und den hölzernen Dachstuhl, wobei im Zusammenspiel mit der Möblierung und den Bildnissen des Kreuzweges aus Holz ein wohnlicher Charakter entsteht. Im Zentrum dieses Geschehens steht die Apsis, die durch ein verglastes Dach und ein großflächiges Seitenfenster in Tageslicht getaucht wird und so alle Blicke auf den Bereich lenkt, wo sich Kruzifix, Altar, Ambo und Sedilien befinden. Als Verteiler und ansprechendes Entrée mit einer großen Freitreppe empfängt nun der neue, klar geschnittene Eingangsbaukörper aus Sichtbeton, Holz, Glas und Stahl die Gemeindemitglieder.

The Catholic church built by displaced persons in 1954 needed an extension because new congregation members moved here when the borders to Eastern Europe opened. The architect opted to create a new spatial concept including both old and new spaces.
The windows of the old church were walled up, the old roof was dismantled, and a new roof with a separating glass strip was erected above the church walls.
The light flowing into the space illuminates it and the wooden roof trusses. The apse is bathed in light flowing in through the glazed roof and a large window and forms a focal point in the space. A wide outdoor stair now leads the growing congregation up to the new entrance building with its material palette composed of exposed-concrete, wood, glass and steel.

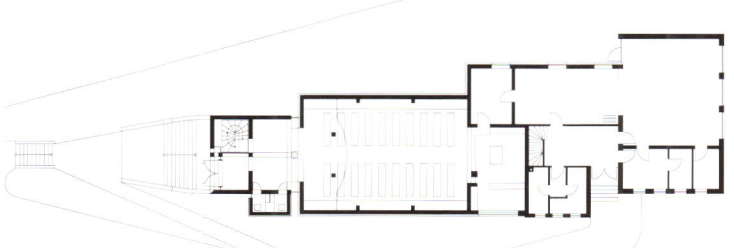

links:
Der Eingangsbereich von innen
oben:
Das neue Eingangsgebäude,
dahinter die umgebaute,
alte Kirche
unten:
Grundriss

Standort | *Location*
Landgraf-Karl-Str. 70,
Kassel-Wilhelmshöhe

Bauzeit | *Construction Time*
2000 - 2002

Bauherr | *Builder-Owner*
Gesamtverband der
evangelischen
Kirchengemeinden in Kassel

Architekt | *Architect*
Prof. Berthold H. Penkhues,
Penkhues Architekten BDA
DWB, Kassel

Der wunderbare Baumbestand im Zusammenspiel mit der Christuskirche hat die Anmutung eines englischen Landschaftsgartens und schlägt sinnfällig eine Brücke zum nahegelegenen Bergpark Wilhelmshöhe.

Dem Wunsch der Kirchengemeinde entsprechend, Gottesdienst und Gemeindeleben an diesem besonderen Ort zu verbinden, galt es, die Kirche auch an der Landgraf-Karl-Straße zu etablieren und sie als Teil der straßenbegleitenden Bebauung zu akzeptieren; ebenso, wie auch die Häuser entlang der Straße die Flucht der Christuskirche aufgenommen haben.

So betrachtet stellt sich der neue Gemeindepavillon stadträumlich ebenfalls in die Flucht der Gebäude. Die Gebäudevolumen drehen sich geschickt in das Innere der grünen Oase und geben von hier den Blick auf den Ostchor in Richtung Luthereiche frei. Die funktionalen Zusammenhänge im Inneren des Gebäudes folgen der Aufgabenstellung und bieten in der Verknüpfung der Säle mit dem Foyer Flexibilität. Die äußere Erscheinung des Gebäudes wirkt wie eine gebaute Skulptur auf grünem Grund und steht nicht in Konkurrenz zur Kirche, sondern schafft durch die Andersartigkeit ein einprägsames Bildpaar.

To accommodate a wish of the congregation to open up to the surrounding community it was decided to orient the church to Landgraf-Karl-Straße and see it as part of the existing building pattern there. At the same time, the neighbouring buildings take on the building line generated by the new church building. The new pavilion building for the congregation is also placed to continue this building line. The building volumes are skillfully shifted toward the green oasis and allow a view of the eastern choir to be had from here. The functional concept inside is generated by the church program and interconnects the hall spaces with the foyer. From outside, the building appears as a sculpture on a green plane.

links:
Perspektive Pavillon und Kirche
rechts:
Der Pavillon,
von der Gartenseite gesehen

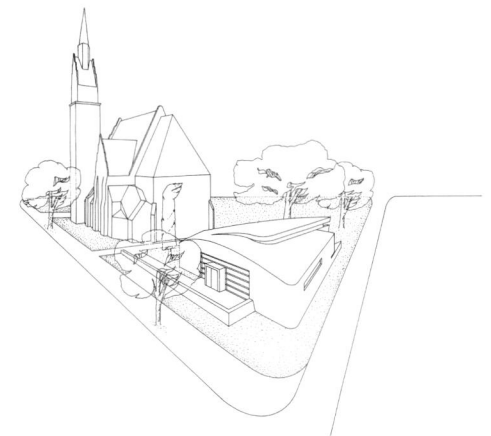

Synagoge in Kassel

Standort | Location
Bremer Str. 9, Kassel

Bauzeit | Construction Time
1998 - 2000

Bauherr | Builder-Owner
Jüdische Gemeinde,
Kassel

Architekt | Architect
Architekturbüro Prof. Alfred
Jacoby, Frankfurt am Main

Die neue Synagoge in Kassel ersetzt einen unspektakulären Nachkriegsbau von 1961, der durch das sprunghafte Wachstum der Gemeinde in den letzten zehn Jahren zu klein geworden war. Es wurde ein Gebäude erstellt, das der Größe der neuen Gemeinde gerecht werden musste, dabei ohne über ein zusätzliches Grundstück zu verfügen. So wurden die beiden großen Volumina, Synagoge und Festsaal, einfach übereinander gestapelt, wobei der Festsaal durch ein unter Straßenniveau befindliches Atrium Tageslicht erhält.

Mit dem zentralen Gebetsraum entstand ein himmelwärts gerichteter Raum, in den durch einen Längsschlitz Licht von oben einfällt.

Der gekrümmte Zentralraum sowie die Ostwand treten aus dem kubischen Volumen heraus. Der Thoraschrein präsentiert seinen Inhalt, die Papyrusrollen, durch eine lamellenartig angeordnete Zedernholzverkleidung, wenn das Abendlicht das Innere des Gebetsraums erhellt, auch den Passanten auf der Straße. Das Zedernholz kommt der Aufforderung der Thora nach, einen Tempel aus der Zeder des Libanon zu errichten, um so seine Nachbarn in den Bau des eigenen Heiligtums mit einzubeziehen.

The synagogue in Kassel replaces an unspectacular post-war structure. The new building had to be large enough to accommodate the enlarged congregation. At the same time, it had to be confined to the boundaries determined by the existing site.

The major building volumes – the synagogue and the congregation hall – were therefore simply stapled above each other, whereby the congregation hall is naturally lit via an atrium. The central prayer hall is lit from above via a long slit in the ceiling.

Both the curve of the central hall and the eastern wall extend beyond the cube-like building volume. The contents of the Torah shrine are emphasized with a slat-like cedar enclosure that symbolizes the reference in the Torah to cedar as the wood that was to be used to erect the temple.

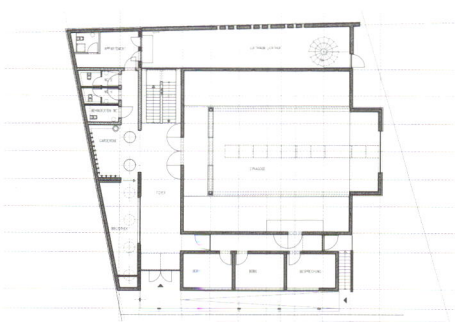

links:
Zentralraum mit Thoraschrein
oben:
Der gekrümmte
Zentralraum tritt aus dem
Gesamtvolumen hervor.
unten:
Grundriss

Autobahnkirche in Medenbach

Standort | *Location*
Raststätte Wiesbaden-
Medenbach, Autobahn A3,
Westseite

Bauzeit | *Construction Time*
2000 - 2001

Bauherr | *Builder-Owner*
Evangelische
Kirchengemeinde
Wiesbaden-Medenbach

Architekt | *Architect*
Prof. Hans Waechter BDA,
Darmstadt/Mühltal

Die Autobahnkirche ist eine Komposition aus einem Flachbau mit schützenden Sichtbetonmauern und Arkaden sowie einem schräg geneigten Glasdach über einem quadratischen Kapellenraum in Sichtmauerwerk.
Nach dem Durchschreiten der Arkaden zu beiden Seiten empfängt den Besucher ein längs ausgerichteter Außenraum mit einem „Baumdach". Jeweils eine große Öffnung lädt zum Betreten des nach außen hin abgeschlossenen, quadratischen Atriums mit gedecktem Umgang ein.
Neun Wassersprudler übertönen mit ihrem Rauschen den Lärm der Autobahn und lösen den Besucher so aus der Welt des Autoverkehrs.
Der von Nikolas Gerhart künstlerisch ausgestaltete Kapellenraum wird über ein 45 Grad geneigtes Glasdach, gestaltet von Johannes Schreiter, belichtet. Himmel, Wolken und Sonne werden so in den allseits geschlossenen Kirchenraum einbezogen. Angesichts der Hektik auf der Autobahn bietet die Kirche gemeinsam mit den verschiedenen Höfen und der zurückhaltenden Materialwahl eine zur Besinnung anregende Atmosphäre.

The composition of the freeway church is comprised of a low building with protective exposed-concrete walls and arcades as well as a cube-like chapel clad in brick, covered by a steeply-pitched glass roof.
After passing through the arcades, the visitor reaches an extended rectangular exterior space with a "roof" of trees. Select openings invite one to enter the square atrium space that is closed off from the surroundings and has a covered gallery. Nine bubbling fountains drown out the freeway noise and distance the visitor from the stress of driving.
The chapel with its altar is lit through the roof that is pitched on a 45 degree angle. This allows the sky, clouds and sun to become part of the church space that is enclosed on all sides.

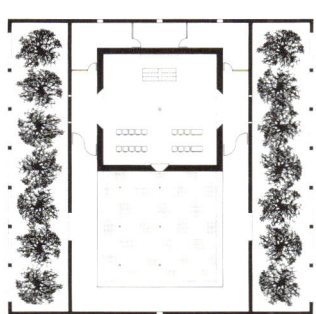

links:
Kapellenraum mit Glasdach
oben:
Gegen den Autolärm
schützende Mauern
unten:
Grundriss

Kirche St. Marien und Gemeindezentrum in Neu-Anspach

Standort | Location
Hans-Böckler-Str. 1-3,
Neu-Anspach

Bauzeit | Construction Time
1996 - 1998

Bauherr | Builder-Owner
Katholische Kirchengemeinde
St. Marien, Neu-Anspach

Architekt | Architect
Hahn Helten Architekten,
Aachen

Das Gemeindezentrum ist in seinem Umfeld ein weiterer Solitär, der sich als kubische Großform maßstäblich einfügt. Die Gliederung in zwei Baukörper verdeutlicht die Funktionen: Einerseits der introvertierte Sakralbau, andererseits der Profanbau mit Begegnungsräumen.

Gemäß heutiger liturgischer Auffassung ist der Raum zentrisch, der Altar bildet die Mitte, um die sich die Gemeinde schart. Die Architektur verdeutlicht dies mit wenigen Elementen. Vier Stützen tragen die abgesenkte Dachfläche, welche sich bis über das Foyer schiebt. Durch vertikale Flächen im Dach wird der Sakralraum belichtet. Die eingeschobene Kapelle bricht mit der Geometrie des Kirchenraumes. Neben der zentralen Ausleuchtung wird der Raum punktartig mit Tageslicht akzentuiert.

Zum Markt hin ist ein riegelartiger Bau mit Verwaltungsfunktionen angeordnet, der über das Foyer und über einen Seiteneingang erschlossen ist. Der an der Ostseite gelegene Pfarrsaal kann mit dem Foyer zusammengeschlossen werden und gibt dem Haus mehr Variationsmöglichkeiten. Im Untergeschoss befinden sich die Jugendräume. In den Obergeschossen befinden sich drei Wohnungen, welche über Dachterrassen als Freibereiche verfügen.

The church and the congregation center are distributed into two building masses and express their functions: on the one side the sacral building and on the other side the secular building with meeting spaces.

The altar forms the focus at the center of the church space. Four pillars support the low ceiling surface that extends out over the foyer. Vertical openings in

links:
Ein Solitär aus zwei Baukörpern
rechts:
Eingangsbereich

the roof direct light into the sacral space. The inserted chapel breaks with the geometry of the church space. A long building wing oriented toward the market square houses administrative *functions and is accessed via the foyer. The parish hall on the eastern side of the building can be combined with the foyer to form a large, flexibly-usable space.*

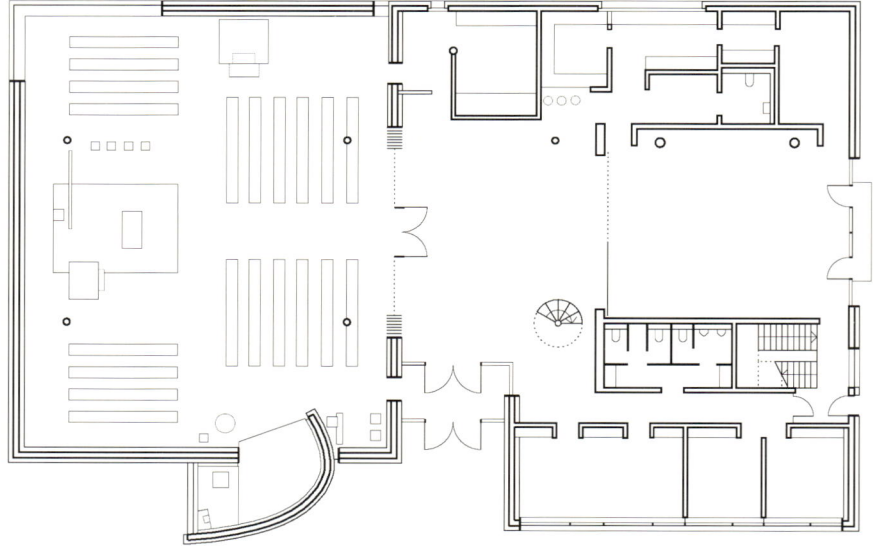

links:
Grundriss
rechts:
Überraschend –
der einfache Kirchenraum

Standort | *Location*
Kaiserstr. 109,
Offenbach am Main

Bauzeit | *Construction Time*
1995 - 1998

Bauherr | *Builder-Owner*
Jüdische Gemeinde,
Offenbach am Main

Architekten | *Architects*
Architekturbüro
Prof. Alfred Jacoby,
Frankfurt am Main

1954 baute Hermann Zvi Guttmann die erste Nachkriegssynagoge in Hessen, einen Bau, der alle 90 Mitglieder der Gemeinde beherbergen sollte. Die Große Synagoge von 1916 auf der anderen Straßenseite war dem Vandalismus der Nazis im Jahre 1938 zum Opfer gefallen. In den frühen Fünfziger Jahren war die Synagoge eine zu große Aufgabe für eine so kleine Nachkriegsgemeinde.

Mitte der Neunziger Jahre war der Bau, den Guttmann so weit als möglich von der Straße zurückgesetzt hatte, aber bereits zu klein geworden.

Mit seiner Mittelachse genau in der Flucht der Kuppel der Großen Synagoge von 1916, präsentieren sich das neue Gemeindezentrum mit Kindergarten und erweiterter Synagoge erneut zur Stadt hin. Durch die lanzettförmige Glaserweiterung, welche die Sitzplatzzahl auf 200 erhöht und gleichzeitig die Ausrichtung zur Großen Synagoge unterstreicht, erscheint die denkmalgeschützte Synagoge von 1956 nun wie in eine Vitrine gestellt. Im Sakralraum wurden alle Verkleidungen und Raumausstattungen wie z. B. Schrein und Vorlesepult durch neu interpretierte Elemente in hellem Birkenholz ersetzt.

In 1954, Hermann Zvi Guttmann built the first post-war synagogue in Hesse because the Great Synagogue dating from 1916 once located across the street was destroyed in 1938. By the mid-90's, the post-war building had become too small.

The new congregation center/kindergarten and the expanded synagogue about the central axis of the old synagogue's dome newly present themselves toward the town. The lens-shaped glass extension building both increases seating capacity and underscores the orientation toward the old synagogue which allows the listed historic building to appear as if it were in a display case. All of the sheathing materials and furnishings in the main space were replaced with new elements made of light-coloured wood.

links:
Die Erweiterung in der Mitte
rechts:
Das Vorlesepult

Kirchenzentrum in Hannover

Standort | *Location*
Sticksfeld 6, 8, 10, 12 /
Thie 8, Hannover-Kronsberg

Bauzeit | *Construction Time*
1998 - 2000

Bauherr | *Builder-Owner*
Evangelisch-Lutherischer
Stadtkirchenverband,
Stadtkirchenkanzlei,
Liegenschaftsabteilung,
Hannover
Gesellschaft für Bauen und
Wohnen Hannover mbH
(GBH), Hannover, Nutzer:
Evangelisch-Lutherische
Kirchengemeinde St. Johannis
Bemerode / GBH

Architekt | *Architect*
Prof. Bernhard Hirche
Dipl. Ing. Architekt BDA,
Hamburg

Im Zentrum von Hannover-Kronsberg
hat die Evangelisch-Lutherische Kirche
gemeinsam mit einer Wohnungsbau-
gesellschaft das Kirchenzentrum realisiert. Ziel war es, Sozial- und Eigen-
tumswohnungen zu integrieren und
eine Nutzungsmischung aus Wohnen
und Kirche zu entwickeln, wodurch eine
neue Form kirchlichen Gemeindele-
bens verwirklicht werden sollte.
Das städtebauliche Konzept entstammt
der Idee eines „modernen Klosters".
Die einzelnen Baukörper werden durch
eine Betonmauer mit Zugängen umfasst. So entsteht ein aus dem Stadtbild ausgegrenzter Innenraum. In diesem Raum sind die Baukörper zueinander so in Beziehung gebracht, dass
enge und weite Durchgänge, Durchblicke und Räume unterschiedlicher
Größe, Nutzung und unterschiedlichen
Charakters entstehen.
Die Kirchenfenster gestaltete Jochem
Poensgen, den Stein Ulrich Rückriem.
Altar, Kanzel, Taufe und Ausstattungs-
gegenstände sind Entwürfe des Architekten.

*The ambitious goal pursued here was to
integrate social housing and user-owned
housing units into the new church center. The resultant mixture of housing
and sacral uses allows the congregation
to enjoy new living forms. The urban
design is based on the notion of a "modern monastery".*
*The building complex is enclosed by a
concrete wall with entrances that effec-
tively separates the interior of the com-
pound from the surrounding city. The
urban space defined by it contains the
diverse building elements that are posi-
tioned such as to create passageways,
views through, and spaces of varying
size, use, and character.*

links:
Der Kirchenraum
oben:
Mischform aus
Wohnen und Kirche
unten:
Grundriss

Synagoge in Aachen

Standort | *Location*
Synagogenplatz 23,
Aachen

Bauzeit | *Construction Time*
1993 - 1996

Bauherr | *Builder-Owner*
Jüdische Gemeinde Aachen

Architekt | *Architect*
Architekturbüro Prof. Alfred
Jacoby, Frankfurt am Main

Die Synagoge in Aachen wurde auf dem gleichen Grundstück wiedererrichtet, auf dem die 1861 eingeweihte und 1938 zerstörte Synagoge stand. Das Raumprogramm mit Synagoge, Gemeindezentrum und Altenwohnungen wurde dazu genutzt, das innerstädtische, immer noch vom Krieg gezeichnete Quartier zu reparieren. Mit dem gekrümmten Eingangsportal wurde der frühere Stadtgrundriss wiederhergestellt.

In die Portalwand mit ihrem großen Fenster ist die Synagoge mit ihrer flachen Kuppel eingestellt. Sie verleiht dem Bau seinen sakralen Charakter. Um dem Innenraum eine Ostausrichtung zu geben, ist die Kuppel durch ein Oberlicht geteilt. Der Sakralraum ist wieder durch einen verglasten Rundgang von den anderen Teilen des Programms getrennt. Die Materialverwendung hebt die Bedeutung einzelner Bauteile hervor. Die Portalwand sowie alle sakralen Bauteile (Hauptsynagoge und Wochensynagoge) sind mit gelbem Klinker aus der Region verkleidet. An der Stelle des Thoraschreins der alten Synagoge von 1861 steht heute eine ebenfalls gekrümmte Wand mit fünf Säulen – jede für eines der fünf Bücher Mose stehend –, um diesen heiligen Ort zu markieren.

This synagogue in Aachen was erected on the site of the old synagogue that stood here from 1861 until its destruction in 1938. The complex comprises the synagogue with its curved entrance portal, a congregation center, and housing units for the elderly.

The synagogue with its low dome is inserted into the portal wall with its large window. Inside, the dome is divided by a skylight that creates an easterly orientation for the space. The sacral space is separated from the other spaces by a glazed passageway. The portal wall, the main synagogue, and the weekday synagogue are all clad in yellow brick. The new, curved wall with five columns that signify the five books of Moses stands where the Torah shrine of the old synagogue was located.

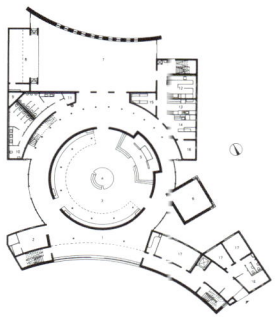

links:
Die Portalwand
oben:
Der kreisrunde Zentralraum
unten:
Grundriss

Filialkirche in Bad Lippspringe

Standort | Location
Maximilian-Kolbe-Str./
Detmolder Str.,
Bad Lippspringe

Bauzeit | Construction Time
1998 - 1999

Bauherr | Builder-Owner
Katholische Gemeinde St.
Martin, Bad Lippspringe

Architekten | Architects
Kresing Architekten, Münster

Die Filialkirche der katholischen Gemeinde St. Martin befindet sich in einem Neubauviertel von Bad Lippspringe – an einer unwirtlichen Ausfallstraße zwischen Geschäften, Wohnungen und einer Tankstelle. Eine braune Bruchsteinmauer umschließt zunächst einen introvertierten Hof und wird dann zur schützenden Hülle des eigentlichen Andachtsraumes. Der Zutritt zum Hof erfolgt durch einen schlanken Glockenturm aus Sichtbeton. Von hier führt ein Weg aus Betontrittsteinen durch ein breites Kiesbett zum Eingang der Kirche, einem vorgelagerten weißen Körper, der mit einem Schiebegitter vom Altarraum getrennt werden kann und tagsüber als Kapelle fungiert.

Hinter dem Altar im Hauptraum wird eine leicht geschwungene Rückwand aus weiß lasiertem Ortbeton von großen Fensterflächen eingerahmt – der wechselnde Lichteinfall verändert die Wahrnehmung des bewusst reduzierten Raumes. Altar, Tabernakel und Ambo sind aus hellgrauem italienischen Sandstein, der auch für den Boden verwendet wurde. Ein seitlicher Durchgang führt in ein Nebengebäude, in dem Sakristei und Beichtraum untergebracht sind.

This branch church of the St. Martin Catholic congregation is located in a new settlement in Bad Lippspringe. A rough stone wall encloses the courtyard and continues on to become the wall of the chapel. The courtyard is accessed by passing through a bell tower erected in exposed concrete. From here, the entrance to the church is reached. It is housed in a white structure that can be separated by a sliding grating from the altar space inside and is used during the day as a chapel.

Inside the main space, a lightly curved, white concrete wall behind the altar is framed by large window surfaces. Light gray Italian sandstone was used for the altar, tabernacle, lectern, and as a floor surface.

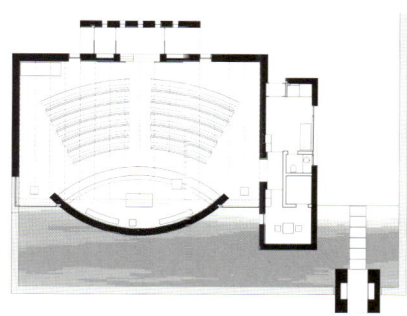

links:
Hauptraum mit
gebogener Rückwand
oben:
Geschützter Hof
in Bruchstein und Sichtbeton
unten:
Grundriss

Alfath Moschee in Bergheim

Standort | *Location*
Friedrich-Bessel-Str. 22,
Bergheim-Pfaffenhofen

Bauzeit | *Construction Time*
2001 - 2004

Bauherr | *Builder-Owner*
Islamischer Kultur-Verein e.V.

Architekten | *Architects*
Architekturbüro Janabi, Köln

Auch nach der Fertigstellung im Jahr 2004 harrt die Alfath Moschee weiterhin ihrer Vollendung: Erst zu einem späteren Zeitpunkt soll der Entwurf von zwei 20 Meter hohen Zier-Minaretten realisiert werden. Doch durch die Kuppeln über Gebetsraum und Foyer, die sich zwischen zwei und drei Metern über dem flachen Dach erheben, ist das Gebäude im Gewerbegebiet Bergheim-Pfaffenhofen mit einer Grundfläche von 800 m² eindeutig als islamisches Gotteshaus erkennbar.

Große Portale mit ornamentverzierten handgearbeiteten Holztüren sowie Rundbogenelementen in den Fensterbereichen gliedern den in hellem Beige verklinkerten Baukörper. Das klare Äußere bildet einen reizvollen Kontrast zur feingliedrigen, sorgfältig komponierten Gestaltung des Innenraums.

Der im Irak geborene Architekt, die aus der Türkei stammenden Teppiche und die von marokkanischen Künstlern und Kunsthandwerkern ausgeführten Fliesen- und Gipsstuckarbeiten stehen für den multinationalen Charakter der Gemeinde.

Although two minarets planned to complete the complex could not yet be constructed the Alfath mosque is nonetheless clearly recognizable as an Islamic worship place by virtue of its domes that span the foyer and prayer hall spaces. The building, clad in light beige bricks, is characterized by three large portals with ornamental, handmade wooden doors and arched elements in the window niches. The mosque's Iraqi architect, rugs from Turkey, and tiles and plasterwork made by Moroccan artists underscore the multinational makeup of the congregation.

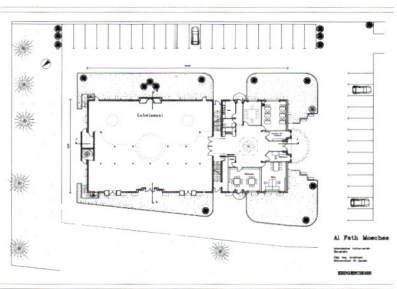

links:
Farbenprächtige
Kuppelgestaltung
oben:
Unterschiedliche
Rundbogenelemente struktu-
rieren die Fassade.
unten:
Grundriss

Lutherzentrum in Dortmund

Standort | *Location*
Flurstr. 41, Dortmund

Bauzeit | *Construction Time*
2000 - 2003

Bauherr | *Builder-Owner*
Evangelische Friedenskirchen-
Gemeinde, Dortmund

Architekt | *Architect*
Prof. Bernhard Hirche Dipl.-
Ing. Architekt BDA, Hamburg

Die bestehende Lutherkirche wurde 1963 von Herwarth Schulte als Ersatz für den kriegszerstörten Vorgängerbau unter Einbeziehung des erhaltenen Turms errichtet.
Zur Reduzierung von Gebäudeunterhaltskosten und um eine funktionale und geistige Nähe zu erreichen, wurde das Raumprogramm eines Gemeindezentrums und einer Fläche für Gottesdienste als „Haus im Haus" aus Stahl und Glas in die Kirche gestellt.
Pult, Altar, Positiv und Triptychon sind Entwürfe des Architekten. Der Haupteingang mit zugehörigem Treppenhaus befindet sich vor der Ostwand. Ein behindertengerechter Fahrstuhl hinter einer Stahlbetonwand und eine innere Brücke bilden die Verbindung zum Obergeschoss des Einbaus.
Im Erdgeschoss befinden sich das Büro, Gruppenräume, eine Küche, der Gemeindesaal und Foyerflächen. Ein- und Ausblicke stellen Sichtbezüge zum umliegenden Wohngebiet her.

The existing Lutherkirche was built in 1963 to a design by Herwarth Schulte to replace the previous structure destroyed in the war while at the same time integrating its surviving tower. To reduce operational costs and achieve functional and spiritual nearness it was decided to build the new congregation center and a space for church services as a steel and glass "House within the House" inside the existing church space.
The main entrance with the stair is located in front of the eastern wall. A handicapped-accessible elevator and an interior bridge provide access to the upper level. The ground floor contains an office, group classrooms, a kitchen, the congregation hall and foyer spaces. Views in and out create visual connections to the surrounding housing settlement.

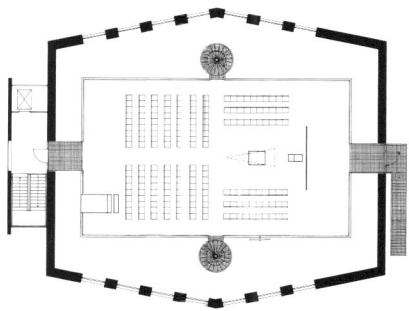

links:
Im Obergeschoss des Einbaus
oben:
Der neue Haupteingang
unten:
Grundriss

Krematorium in Duisburg

Standort | *Location*
Düsseldorfer Str. 600,
Duisburg

Bauzeit | *Construction Time*
2000 - 2002

Bauherr | *Builder-Owner*
Thermo Plus
Wärme Direkt Service GmbH,
Duisburg

Architektin | *Architect*
jutta heinze architektin BDA,
Duisburg

Das neue Krematorium befindet sich am Haupteingang des Waldfriedhofes und fasst alle öffentlichen Friedhofseinrichtungen zusammen.

Das Verweilen bei den Verstorbenen benötigt Raum und Atmosphäre, und so gibt es private Räume für die Aufbahrung und einen weiten Ort für das Gedenken und die Feierlichkeiten. Notwendige Technik, Hygiene- und Betriebseinrichtungen sind aus dem Sichtfeld der Besucher heraus genommen.

Unter Einbeziehung der alten, jetzt sanierten Trauerhalle wurde ein neues Gesamtvolumen gedacht, zu dem nun die neue Trauerhalle, die zweigeschossige Verwaltung und die Kremation mit einer Wandscheibe, die alle technischen Komponenten aufnimmt, gehören. So entstand eine Trennung zwischen betriebsinternen und öffentlichen Bereichen. Dazwischen erstreckt sich ein niedriger Gebäudebereich, in dem sich zum Wald hin ein überdachter Außenraum, die so genannte Andachtshalle, und zur Straße hin die Kühlräume befinden.

Das neue Gebäude ist auf die Materialien des bestehenden Gebäudekomplexes aus Ziegelsteinen abgestimmt. Innen finden sich Materialien wie Basaltlava und Mooreiche und Farben mit starkem, natürlichem Ausdruck, wobei auch Kunst- und Tageslicht als Gestaltungsmittel dienen.

The new crematorium is located at the entrance to the Waldfriedhof cemetery site. It encompasses private spaces for taking part from the deceased and a space for commemoration and ceremonies. The necessary technical, hygienic, and operational facilities are integrated so as not to be visible for visitors. The existing mourning hall was integrated into the new ensemble comprised of a new mourning hall, a two-storied office wing and the cremation zone with a wall slab that separates the public areas from the internal operation zones. A low building wing extends between them and contains a memorial hall oriented toward the forest and the cooling rooms on the street side. The materials used in the new building relate to those used in the existing building complex.

links:
Blick in die neue Trauerhalle
oben:
Andachtshalle mit Lichthöfen
unten:
Grundriss EG

Standort | *Location*
Streuffstr. 4, Emmerich-Elten

Bauzeit | *Construction Time*
1998 - 1999

Bauherr | *Builder-Owner*
Katholische Kirchengemeinde
St. Martinus, Emmerich-Elten

Architekt | *Architect*
Dipl.-Ing. Michael van Ooyen
Freier Architekt BDA, Straelen

Das neue Pfarrheim für die katholische Kirchengemeinde St. Martinus erstreckt sich eingeschossig in Ost-West-Richtung entlang der historischen Pfarrkirche. Während sich alle Gruppen- und Veranstaltungsräume nach Süden zur Kirche orientieren, wurden die Nebenräume im Norden zusammengefasst. Dem massiven Baudenkmal Kirche steht der neue Flachbau mit seiner eigenständigen, modernen Architektur filigran und transparent gegenüber. Sitzbänke vor dem Eingang des Pfarrheims laden alle Besucher zum Verweilen ein und schließen die Platzfläche räumlich nach Westen ab.

Vom Windfang gelangt der Besucher in das Foyer mit Zugang zum Versammlungsraum und zur Bücherei. Offen gestaltete Fassaden geben dem Eintretenden den Blick in den Pfarrgarten frei und erleichtern die Orientierung im Haus. Der Jugendbereich wird durch einen separaten Zugang erschlossen. Über das Foyer erreichbar ist der Pfarrsaal, der durch eine mobile Trennwand vergrößert oder verkleinert werden kann. Das „aufgeklappte" Dach und das durchlaufende Oberlicht sorgen für freundliche Helligkeit im Saal und in den Gruppenräumen. Transparente Trennwände ermöglichen Aus- und Durchblicke. Durch die Materialwahl wird der großzügige Eindruck unterstrichen.

The new parish center of the St. Martinus Catholic congregation extends as a one-story structure located alongside the historic parish church. All of the rooms along the southern side of the complex are oriented to the church, the auxiliary spaces on the northern side are compact. The lightness of the building stands in contrast to the mass of the historic church. Passing through the vestibule, one reaches a foyer from which the meeting hall and the library are accessed. Open facades allow for a view onto the parish garden. The youth center has its own entrance. The foyer also accesses the parish hall that can by enlarged or reduced in size thanks to moveable wall elements. The "opened" roof and the continuous skylight create a bright, friendly atmosphere.

links:
Der luftige Versammlungsraum
rechts:
Das Pfarrheim erstreckt sich
entlang der alten Kirche.

Sri Kamadchi Ampal Tempel in Hamm

Standort | *Location*
Siegenbeckstr. 4,
Hamm-Uentrop

Bauzeit | *Construction Time*
1999 - 2002

Bauherr | *Builder-Owner*
Hindu Shankarar Sri
Kamadchi Ampal Tempel e. V.
(Europa), Hamm

Architekten | *Architects*
Heinz-Rainer Eichhorst,
Hamm, mit tamilischen
Tempelbaumeistern

Die Geschichte dieses Hindu-Tempels ist eng verbunden mit der Flucht Zehntausender Tamilen von der Insel Sri Lanka seit den Unruhen 1983. 1993 wurde das erste Tempelfest mit öffentlicher Prozession in Hamm gefeiert. Seit im Sommer 2002 der neue große Tempel im Uentroper Industriegebiet geweiht und eröffnet wurde, kann das jährliche Fest nun in großem Umfang gefeiert werden. Der allein durch die Gemeinde finanzierte Tempel ist weniger ein Stück exotischen Designs als eine Verkörperung traditioneller indischer Kunst, die gemeinsam von Tempelbaumeistern und einem ortsansässigen Architekten geschaffen wurde.

Das Gebäude misst 27 mal 27 Meter, das 17 Meter hohe Eingangsportal mit reich geschmücktem Turm aus Naturstein wurde nach südindischem Vorbild erbaut.

Streng nach rituellen Vorgaben konzipiert, blickt die Göttin vom Zentralschrein nach Osten, in Richtung der aufgehenden Sonne. Der einfache, doch reich geschmückte Innenraum verfügt über einen Fliesenboden, da der Tempel täglich mit Wasser gereinigt wird. Weitere Einzelschreine befinden sich hier in einer Anordnung, die der Prozession im Uhrzeigersinn um den Hauptschrein entspricht. Diese endet mit dem Empfang der heiligen Speise.

This building of this Hindu temple was necessitated by the flight of tens of thousands of Tamils from the island of Sri Lanka since the turbulence that began there in 1983. The first temple festival was celebrated in 1993. Since 2002 the festivals are held in the new temple.

The temple incorporates traditional Indian artwork that was created by the temple building masters in cooperation with a local architect. The structure measures 27 x 27 meters, the entrance portal with its richly decorated tower 17 meters.

The view of the goddess in the central shrine is directed towards the east. The austere, yet richly decorated interior space has tile floors that facilitate daily cleaning. Further individual shrines are located such that they can be accessed in a clockwise procession around the main shrine.

links:
Farbenfroher Innenraum
mit Zentralschrein
rechts:
Indische Handwerkskunst –
der Shiva-Schrein

Kirche St. Katharina von Siena in Köln

Standort | *Location*
Schneebergstr. 65a,
Köln-Blumenberg

Bauzeit | *Construction Time*
2001 - 2003

Bauherr | *Builder-Owner*
Gemeinde St. Katharina von
Siena in Köln-Blumenberg

Architekten | *Architects*
Architekturbüro
Nikolaus Bienefeld,
Swisttal-Odendorf

Herz der Kirchenanlage St. Katharina ist das schlanke, geschwungene Kirchenschiff. Der Kirchenraum öffnet sich zum Zentrum hin in alle Richtungen. Der Boden senkt sich über zehn Stufen ab, die Decke erhöht sich in drei Abstufungen und die Wände erweitern sich zur Mitte hin.

Das Kirchengebäude ist massiv in Beton gegossen und vermittelt mit bis zu einem Meter dicken Wänden Dauerhaftigkeit. Die entsprechend den sedimentartigen Schichten unterschiedlichen Färbungen wurden ausschließlich durch natürliche Zuschlagstoffe erreicht. Die Wände wurden nach dem Ausschalen abgespitzt und zeigen in ihrer Materialität, was es heißt, ein Baumaterial durch und durch verstanden zu haben.

Ein entscheidendes Element in Sakralbauten ist die Erzeugung von gedämpftem Licht, als Transportmittel des Geheimnisvollen. Hier wird diese Wirkung dadurch erreicht, dass das Tageslicht durch das leicht angehobene Kirchendach, die Laterne, einfällt.

The narrow, gently swung nave forms the heart of the St. Catherine church complex. The church space opens toward the center from all directions. The floor is sunken down 10 steps, the ceiling rises in three steps, and the walls open up toward the center of the space.

The church structure is constructed in concrete. Its up to one meter thick walls express a sense of permanence. The different colours and textures in the concrete were achieved by adding natural colour materials. After they emerged from the concrete building forms, the wall surfaces were roughly hewn to give them a natural sense that conveys the true nature of the material.

One special element characteristic to sacral buildings is their filtered light. This effect is attained here by the natural light that is directed into the space via the slightly raised lantern-like church roof element.

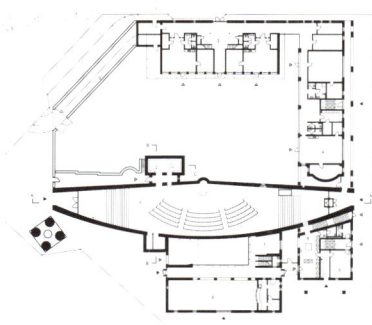

links:
Ansicht Westeingang
oben:
Südostansicht
des Gemeindezentrums
unten:
Grundriss

Pfarrkirche St. Theodor in Köln

Standort | Location
Burgstr. 42, Köln-Vingst

Bauzeit | Construction Time
1999 - 2002

Bauherr | Builder-Owner
Katholische Kirchengemeinde
St. Theodor, Köln-Vingst

Architekten | Architects
Architekturbüro Paul Böhm,
Köln

Die neue Pfarrkirche ordnet die städtebauliche Situation im Bereich um die Kirche und bildet mit den bereits bestehenden Bauteilen verschiedenartige Platzräume.

Über einen Windfang betritt man einen schlichten Raum, der von zwei ringförmigen Wänden unterschiedlicher Radien geformt wird. Diese Wände nehmen den bestehenden Kirchturm mit der Geste einer offenen „Umarmung" auf und integrieren ihn so in das neue Gebäude. Um den Innenraum gruppieren sich Nischen, die in ihrer Höhe ansteigend zum Altarbereich führen, auf den die Dynamik des Kirchenraumes ausgerichtet ist. Die Belichtung des Raumes mit künstlichem Licht ebenso wie mit Tageslicht erfolgt über verglaste Deckenschlitze, so dass im Inneren der Kirche keine Beleuchtungskörper sichtbar sind.

Der Neubau besteht aus 50 cm starken, eingefärbten monolithischen Wänden aus Leichtbeton mit sandgestrahlten Oberflächen. Die Außenflächen sind mit einer veredelten Betonoberfläche versehen, der Turm wurde innen und außen neu verputzt.

Die Gesamterscheinung des Projekts drückt eine weltläufige, menschenfreundliche Haltung aus, die von außen einladend wirkt und neugierig macht und von innen Konzentration und Ruhe ausstrahlt.

Together with the surrounding buildings, the new parish church improves the urban situation of the area around the church.

A vestibule leads to an austere space that is defined by two ring-formed walls. These walls integrate the existing bell tower into the new building. Niches that climb up towards the altar zone are

links:
Die ringförmige
Treppe führt zum Turm.
rechts:
Die Kirche bildet
verschiedene Platzräume.

*grouped around the central space.
Lighting of the space occurs via glazed
slits in the ceiling. No lighting fixtures
are thus visible in the entire church interior. The new building is constructed of
stained light concrete walls with sand-
blasted surfaces. The exterior surfaces
are foreseen with a refined concrete
surfaces: The interior and exterior surfaces of the tower were newly plastered.*

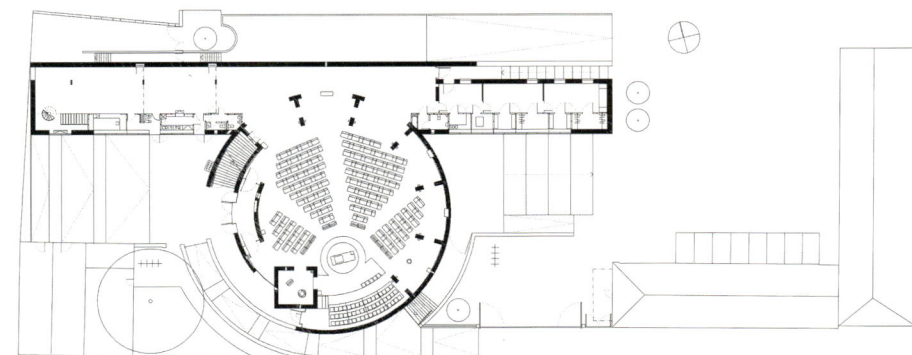

oben links:
Der Sakristeiflügel
unten links:
Grundriss
rechts:
Ringförmige Wände
formen den Innenraum.

Pauluskirche und Gemeindezentrum in Köln

Standort | Location
Houdainer Str. 32,
Köln-Porz-Zündorf

Bauzeit | Construction Time
2002 - 2003

Bauherr | Builder-Owner
Evangelische Kirchengemeinde
Porz

Architekten | Architects
kister scheithauer gross architekten und stadtplaner,
Köln/Dessau

Das starke Wachstum der Neubauge-
biete in den Stadtteilen Porz und Zündorf veranlasste den Neubau der evangelischen Kirche mit Gemeindezentrum.
Ein Rundbau verkörpert die Idee des
christlichen Miteinander und lässt den
scheinbar zufällig gewählten Bauplatz
zu einer kleinen Landmarke in der weiteren städtebaulichen Entwicklung des
Gebietes werden.
Ein Segment in der Außenwand des
Gottesdienstraumes ist heraus gedreht
und soll ein Hinausweisen über das
Irdische auf Gott darstellen. Die auf
den Altar ausgerichtete innere Raum-
struktur wird durch seitlichen Lichteinfall belebt.
Im Gegensatz zu der rauen braunen
Putzoberfläche der Außenhaut ist der
Innenraum in weiß gehalten. Neben
den hellen Sichtbetonwänden ist der
Eindruck eines mit Weiß überzogenen
Raumes über die Materialien der Altar-
rückwand, die Stühle und den Holz-
boden bis hin zu den weiß gespachtel-
ten Lichtveduten präsent.

*Population growth in Cologne's Porz
and Zündorf suburbs made construction
of this new Protestant church that also
includes a congregation center necessary.
One segment of the outer wall of the
church space is shifted out to symbolize
the path of earthly beings toward God.
The interior spatial composition is oriented toward the altar and enlivened by
light coming in from the side.
Forming a contrast to the rough brown
plaster surfaces of the exterior walls, the
interior space is white. In addition to the
light exposed-concrete walls, the other
materials such as the wall behind the
altar, the chairs, the wooden flooring,
and the plastered light shelves all con-
tribute to the white-imbued ambience.*

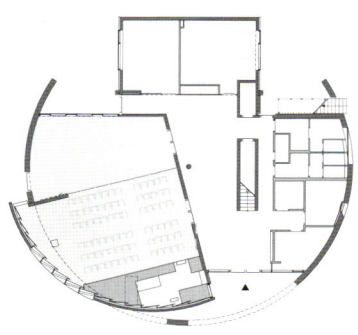

links:
Der Kirchenraum
oben:
Ein Rundbau – Mittelpunkt
des Neubaugebietes
unten:
Grundriss

Jüdisches Wohlfahrtszentrum in Köln

Standort | _Location_
Nußbaumstr./Ottostr.,
Köln-Ehrenfeld

Bauzeit | _Construction Time_
2003 - 2004

Bauherr | _Builder-Owner_
Synagogen-Gemeinde, Köln

Architekten | _Architects_
ARGE
Prof. Ulrich Coersmeier, Köln
Prof. Alfred Jacoby,
Frankfurt am Main

Das erste jüdische Krankenhaus, 1908 in Köln erbaut, wurde vom belgischen Militär seit dem Ende des Kriegs bis zum Abzug 1990 als Hospital genutzt. Die Jüdische Gemeinde hatte 1997 die Rückgabe des Anwesens erreicht, um die großen Gebäude zu einem Sozialen Wohlfahrtszentrum, bestehend aus Altenpflegeheim, Kindergarten, Grundschule, Mehrzwecksaal, Gemeindebüros und auch einer Synagoge, neu- bzw. umzubauen.

Die Gartenseite sowie die Ost- und West-Flügel stehen unter Denkmalschutz und werden originalgetreu saniert und teilweise auch rekonstruiert. Dadurch lag es auf der Hand, die Nordseite als neuen Eingang zur Stadt zu nutzen. In dieses Atrium eingebettet, umgeben von einer durch große Öffnungen durchbrochenen Wand zur Stadtseite hin, findet man die kleine Synagoge, den Betraum. Sie ist auf eine Größe von 100 Plätzen angelegt. Der Betonwürfel enthält ein Deckensegel. Von der Decke abgehängt, hebt es das zentral platzierte Vorlesepult hervor. Es betont auch den Thoraschrein, der sich nach außen in Form zweier Tafeln mit den Zehn Geboten dem Atrium zuwendet.

The former Jewish Hospital was returned to the Jewish Congregation in 1977 so that the large buildings could be expanded and renovated into a social center including a senior's center, kindergarten, elementary school, multipurpose hall, congregation offices and a synagogue.

The eastern and western wings are listed as historic structures and were restored to their original state. The northern side of the building is used as a new entrance. An atrium here houses the small synagogue. The concrete cube was foreseen with a curved ceiling sail made of metal mesh that emphasizes the centrally placed lectern. It also underscores the Torah shrine that projects into the space. The shrine symbolizes the two slabs on which the Ten Commandments were inscribed and opens into the atrium.

links:
Fassade mit Inschrift
rechts:
Im Atrium – die Synagoge

Filialkirche St. Johannes in Leopoldshöhe

Standort | Location
Herforder Str./Johannesweg

Bauzeit | Construction Time
1997 - 2002

Bauherr | Builder-Owner
Katholische Kirchengemeinde
St. Michael, Derlinghausen

Architekt | Architect
Prof. Dieter G. Baumewerd,
Münster

Die vier Baukörper Turm, Kirche, Pfarrheim und Pfarrsaal sind um einen zur Straße hin orientierten Kirchplatz angeordnet. Der im Grundriss quadratische Kirchturm steht in der Querachse der Kirche. Der Kirchenraum wird von zwei geschwungenen Wandscheiben gebildet, die sich annähern, aber nicht verbinden. Zwei gläserne Windfänge schließen den Raum, das meiste Tageslicht fällt aber durch einen Glasstreifen im Dach direkt auf den Altar. Zwei winklig zueinander stehende Baukörper enthalten Sakristei, Gemeinderäume und einen Seelsorgeraum. Die Außenwände aller Gebäude bestehen aus weiß gestrichenem Beton, die Dächer sind mit mattgrauem Stahlblech gedeckt. Der Bauform der Kirche liegen Sinnbilder zugrunde wie das des „Schiffs", auf dem man zu einem Ziel unterwegs ist und das der schützenden Hände, die sich in Gestalt der Wandschalen um die Gemeinde legen.

Auf dem jura-grauen Natursteinboden stehen Kirchenbänke aus Buchenholz. Ihre halbkreisförmige Anordnung entspricht der um eine Stufe angehobenen Altarinsel, auf der sich die liturgischen Orte Taufe, Altar, Ambo und der Priestersitz in rahm-weißem Jura-Marmor befinden. Der Tabernakel mit einer Tür in Bronzeguss ist als Tresor in die Wand hinter dem Altarbereich eingelassen.

The four building masses housing the tower, church, rectory and parish hall are located around a plaza that orients toward the street. The square church tower stands in the cross axis of the church. The church space is defined by two curving wall slabs that are led ever closer, yet never touch each other. Two glass vestibules close the space, light falls directly onto the altar through a glazed ribbon window in the roof. Two corner-forming building masses stand across from each other and house the sacristy, congregation spaces, and a counseling room. The exterior walls of all of the buildings are made of white-painted concrete, the roofs are covered with matte gray steel panels. The form of the church reminds of a "ship".

links:
Geschwungen –
der Kirchenraum
rechts:
Kirchen"schiff" und Turm

Haus der Stille in Meschede

Standort | Location
Klosterberg 11,
Meschede

Bauzeit | Construction Time
1996 - 2001

Bauherr | Builder-Owner
Benediktinerabtei
Königsmünster

Architekten | Architects
Peter Kulka, Köln und
Konstantin Pichler, Köln

Das Haus der Stille und der Einkehr ist der „Schluss-Stein" einer seit Jahrzehnten wachsenden Klosterstadt der Benediktinerabtei Königsmünster. Wo eine Freitreppe Kloster und Stadt verbindet, ragen zwei Beton-Monolithen aus dem Hang. Felsengleich, mit einer Schlucht dazwischen, bildet das Haus Eingang und Ausgang zugleich und vollendet den Kirchplatz. Im Inneren erlebt man die Struktur des Hauses und kann dort Bausteine einer klassischen Klosterarchitektur entdecken: Weg, Kapelle, Zelle und Refektorium.

Bei aller Ausformung sollte eine Offenheit für die Bewohner auf Zeit und die begleitenden Mönche bestehen bleiben. Als Haus der Einkehr und der spirituellen Suche ist es reduziert auf das Wesentliche. Das Gebäude besteht aus einer „begehbaren Wand", einem unbetretbaren „Zwischen-Raum" und dem eigentlichen „Haus der Stille". Die „begehbare Wand" leitet den Besucher über eine Treppe nach unten. Dort befindet sich eine Kapelle, nur von oben belichtet.

Über die Schlucht zwischen den Häusern sind Brücken geschlagen, von denen man Ausblicke in das Tal hat. In den oberen Geschossen des Haupthauses befinden sich zwanzig Zellen. Abgeschlossen gegen die Menschenwelt, öffnet sich jede Zelle weit in die Natur hinein.

Two concrete monoliths emerge from the sloping site where an exterior stair connects the monastery with the city. The rock-like building structure serves as both an entrance and as an exit. Inside, elements common to classical monastic architecture such as a path, a chapel, and a refectory can be discovered. In spite of the introverted quality of the space it also creates a sense of openness to be enjoyed by both temporary residents and the monks who serve here. As a place of contemplation and spiritual searching its architecture elements is reduced to the most essential components. The building is comprised of an "accessible" wall, an inaccessible "in-between space" and the actual "house of contemplation". The "accessible wall" leads the visitor downward via a stair to discover the introverted lower chapel that is lit solely from above.

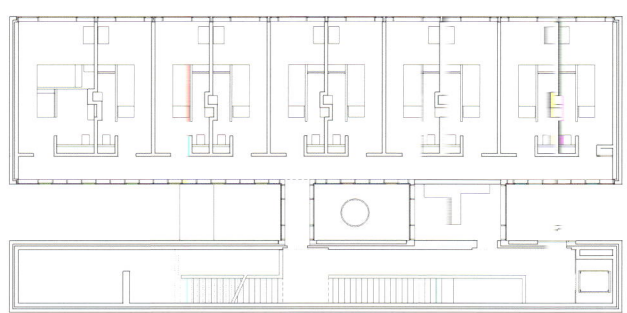

links:
Die Kapelle
oben:
Zwei Betonmonolithen –
in den Hang gebaut
unten:
Grundriss

Standort | *Location*
Viktoriastr. 1, Troisdorf

Bauzeit | *Construction Time*
2000 - 2001

Bauherr | *Builder-Owner*
Evangelische
Kirchengemeinde Troisdorf

Architekten | *Architects*
Martini Architekten, Bonn

Besonders bei der Neugestaltung eines alten Kirchenraumes kann weniger mehr sein. Diesem Grundsatz wurde bei der Umgestaltung des Innenraums der neoromanischen Johanneskirche in Troisdorf Genüge getan. Selbstdarstellung wurde ebenso vermieden wie Anpassung. Grundlage der formal auf das Nötigste reduzierten Eingriffe bildet das funktionale Konzept einer Stadtkirche. Die Kirche wird nicht nur als Gottesdienstraum, sondern auch als Raum für Ausstellungen und Konzerte genutzt. Alle im Verlauf der Kirchengeschichte vorgenommenen Rückbauten, Eingriffe und Einbauten wurden sichtbar belassen. Der Kontrast zwischen überarbeitetem Bestand und behutsamer Ergänzung erschließt sich aber erst auf den zweiten Blick. Im Vordergrund steht der Kirchenraum, in dem Vergangenheit und Gegenwart zu einer harmonischen Einheit verschmelzen.

"More can be less", especially when renovating an existing church space. This axiom was adhered to during the transformation of the interior of St. John's in Troisdorf. Only the most necessary measures were carried out. The special nature of the church as a city church was hereby underscored. The church is used not only for worship. It also hosts exhibitions and concerts. All of the building alterations and additions that have been executed here over time were left clearly visible. The contrast between the renovated existing structure and the sensitive new additions only becomes visible upon second glance. Past and present merge in the in the main church space to form a harmonious whole.

links:
Behutsame Neugestaltung
rechts:
Neues Nebengebäude,
alte Kirche

Evangelische Kirche in Winz-Baak

Standort | *Location*
Schützstr. 4,
Hattingen-Winz-Baak

Bauzeit | *Construction Time*
2001 - 2002

Bauherr
Evangelische Kirchengemeinde
Winz Baak

Architekten | *Architects*
soan architekten
dirk boländer
gido hülsmann
warburg, bochum

Nach der Umgestaltung der 1962 errichteten Kirche sind der liturgische Bereich und der Gemeindebereich nicht mehr durch Stufen voneinander getrennt. Die im achteckigen Grundriss der Kirche angelegte Idee eines Zentralraumes wurde aufgegriffen. Das fünfstufige Podest wurde entfernt und durch eine einstufige Podestfläche in der Mitte der Kirche ersetzt. Sie findet in einer Wandscheibe ihre vertikale Fortsetzung und definiert mit der abgehängten Deckenfläche einen zentralen Raumbereich. Die Gemeinde versammelt sich von drei Seiten um den Altar. Die um eine weitere Stufe erhöhte Kanzel steht am Rand des Podestes, das Taufbecken steht frei zwischen zwei Bankblöcken. Die gesamte Liturgie findet auf der Ebene der Gemeinde statt. Großzügige Bewegungsflächen sollen außerdem Aufführungen etc. ermöglichen.
Der Raum vermittelt durch die einheitliche Gestaltung eine ruhige, lichte und warme Stimmung. Die Anzahl der verwendeten Materialien wurde so gering wie möglich gehalten, die Farbtöne des Raumes resultieren allein aus der Farbigkeit der Materialien: Wände und Decke in abgetöntem Weiß, Bodenbelag sowie Taufbecken und Kanzel aus Gotländischem Kalkstein. Altar und Kirchenbänke sind aus massivem Ahorn, Standleuchten und Öllampen aus Aluminium gefertigt.

The existing church dating from 1962 was remodeled to connect the liturgical zone and the congregation zone within an octagonal central space. Within it, a platform elevated by one step defines a subspace. The central space is vertically extended by a wall slab and the ceiling surface.
The congregation gathers around the altar on three sides. The pulpit is raised up one more step on the edge of the platform and the baptismal font stands free. The design of the space creates a calm ambience. The colours present result from the materials used. Walls and ceiling are foreseen in off-white, the floor, baptismal font and pulpit are made of limestone.

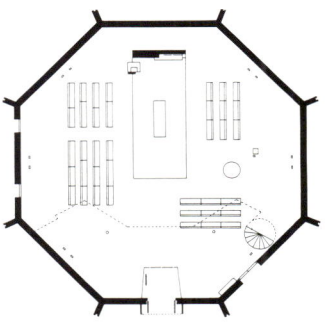

links:
Das neue Taufbecken
oben:
Jetzt im Zentrum des
Geschehens – die Gemeinde
unten:
Grundriss

Standort | *Location*
Gemarker Str. 15,
Wuppertal-Barmen

Bauzeit | *Construction Time*
2001 - 2002

Bauherr | *Builder-Owner*
Jüdische Kultusgemeinde
Wuppertal

Architekten | *Architects*
Goedeking + Schmidt,
Freie Architekten BDA,
Wuppertal

Auf geschichtsträchtigem Grund (die benachbarte Kirche ist Ort der „Barmer Theologischen Erklärung" von 1934) präsentiert sich die Synagoge am Rande der Barmer Innenstadt eigenständig und selbstbewusst mit einem großen Eingang an der Straßenecke, zusätzlich markiert durch die mythologischen Säulen „Jachin" und „Boas". Foyer und Gemeindehaus nehmen als zwei Gebäudeflügel den Gottesdienstraum schützend in ihre Mitte. Unterordnende Bezüge, etwa zur viel größeren Kirche in der Nachbarschaft, sind sorgfältig vermieden worden. Zur Paul-Humburg-Straße hin gibt sich der Bau mit dem Foyer streng, formal, fast symmetrisch, seine neun schmalen Fenster stehen für den Channukka-Leuchter, der an die Tempelweihe erinnert. Die Fassade des Gemeindehauses mit Balkon und ausgeprägtem Sockelgeschoss weckt eher Assoziationen an Wohngebäude. Ein Stern aus Stahl trägt das Dach des runden, auf die Bima konzentrierten Gottesdienstraumes.

Located on a history-steeped site (the neighbouring church was the place where the Barmer Theological Declaration was formulated in 1934), this synagogue at the edge of Barmer's city center presents itself with a large entrance on the street corner that is additionally marked by the mythological pillars "Jachin" and "Boas". The wings of the foyer and the congregation center define the worship space between them. Toward Paul-Humburg-Straße the building is austere and almost symmetrical. Nine windows here symbolize the chanuka candle holder in reminiscence of the consecration of the temple. The facade of the congregation center with its balcony and plinth level reminds of housing buildings. A steel star carries the roof of the circular worship space.

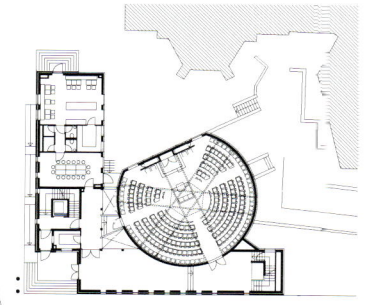

links:
Der Zentralraum –
wie ein Plenarsaal
oben:
Foyer mit Zentralraum
(im Hintergrund eine Kirche)
unten:
Grundriss

Auferstehungskirche in Speyer

Standort | *Location*
Am Renngraben 2g,
Speyer/Rhein

Bauzeit | *Construction Time*
2001 - 2002

Bauherr | *Builder-Owner*
Auferstehungskirchen-
gemeinde, vertreten durch
die Gesamtkirchengemeinde
Speyer

Architekten | *Architects*
sander.hofrichter architekten,
Ludwigshafen

Am südwestlichen Ortsrand von Speyer gelegen, wurde das bereits bestehende Gemeindezentrum der heutigen Aufer-stehungskirchengemeinde Mitte der Neunziger Jahre umstrukturiert und war für eine Erweiterung vorgesehen. In den frühen Planungen sollte aber eine „richtige" Kirche auf dem Grundstück platziert werden.

Ausgehend von diesem Wunsch der Gemeinde wurde das Konzept für einen Erweiterungsbau entwickelt, der sich auf dem ebenen Gelände vom Altbau Richtung Pfarrhaus erstreckt.

Ein niedriger Stahlbeton-Kubus – das neue Foyer – erschließt und verbindet das bestehende Gemeindezentrum, den neuen Sakralraum und den Garten.

Der ankommende Besucher wird durch Doppeltüren übergeleitet in eine qua-derförmige Glashalle.

Die Außenwände bestehen aus Profil-glas, das vielen bekannt ist als Belichtungselement im Industriebau. Es ermöglicht den semitransparenten Charakter der Fassade.

Auch im Inneren wird der architektoni-sche Anspruch der Schlichtheit weiter fortgeführt.

Ein geglätteter Betonboden als Funda-ment, eingespannte Sichtbetonstützen, eine schlichte weiße Decke mit einge-bauter Beleuchtung und die schnörkel-losen Elemente der Altarrückwand unterstreichen die architektonischen Aussage.

This existing congregation center of the Church of the Resurrection located on the southeastern edge of Speyer was slated to be extended. An extension building was therefore developed for a site between the old building and the rectory. A low cube built in exposed concrete connects

links:
Schnörkellos – der Altarraum
rechts:
Halbtransparent –
die gläserne Fassade

the existing congregation center, the new sacral space, and the garden.

The visitor is led into a cuboid glass hall space. The exterior walls are constructed of profiled glass elements and the architectonic intention of austerity is continued in the interior spaces. The concrete floor, exposed concrete pillars, white ceiling, and the stark reduction of the altar wall elements all underscore the intended architectonic expression.

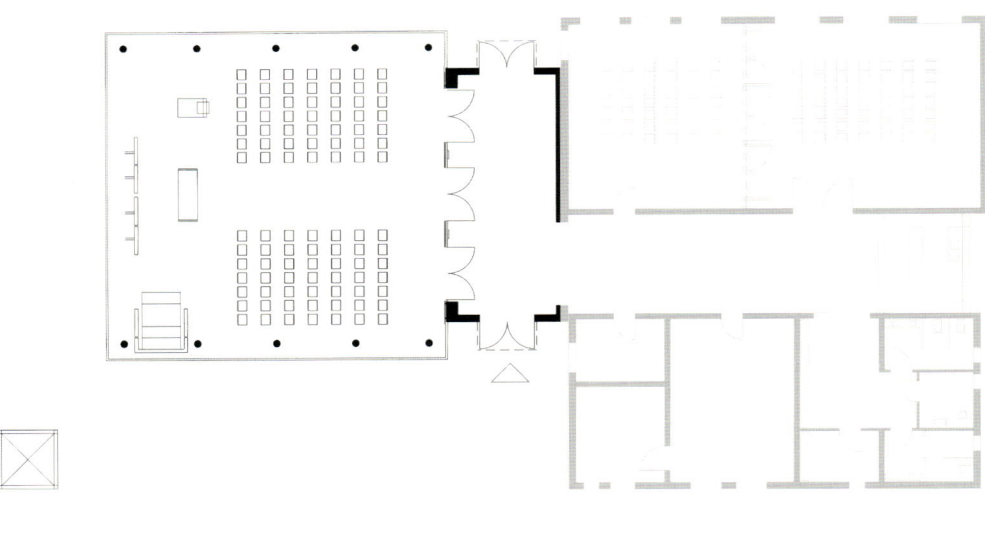

links:
Grundriss
oben:
Ein schlichter, heller Raum

Synagoge in Chemnitz

Standort | *Location*
Stollberger Str. 28, Chemnitz

Bauzeit | *Construction Time*
2000 - 2001

Bauherr | *Builder-Owner*
Synagogen-Gemeinde,
Chemnitz

Architekten | *Architects*
Architekturbüro
Prof. Alfred Jacoby,
Frankfurt am Main

Die Neue Synagoge in Chemnitz steht hoch über der Straße, am Rande der Innenstadt, in einem Gebiet, das durch seine heterogene Baustruktur über keine klare Ordnung verfügt. Als Antwort darauf wurde das Gemeindezentrum parallel zur Straße auf einen Sockel gestellt. Diese horizontal betonten Bauteile beherbergen alle Teile des Gemeindezentrums. Ein langsam ansteigender Weg führt zum Haupteingang, entlang eines Wasserbeckens, das die Synagoge umgibt.

Man nennt die Juden auch das ‚Volk des Buches'. Deshalb sind die Synagoge und die Bibliothek als zwei besondere Räume gestaltet, die aus einem voll verglasten Foyer heraustreten. Der Sakralraum selbst ist eine elliptische Krone aus Sichtbeton mit verglastem Rand, die dem Himmel zustrebt. In ihr Volumen ist ein großes Fenster eingesetzt, das den inneren Sakralraum mit der Außenwelt verbindet. Sowohl der stoffbezogene Thoraschrein als auch das Vorlesepult liegen nicht auf der geometrischen Achse der Ellipse, sondern diese bleibt konsequenterweise frei. Auf diese Weise soll in diesem Raum ein Gleichgewicht zwischen weltlicher Meditation und religiösem Gebet möglich werden.

The new synagogue is located high above the street at the edge of the city center. The congregation center extends parallel to the street and is placed on a plinth. A rising path leads to the main entrance and along a water basin that surrounds the synagogue.
The Jews are known as the "People of the Book". Therefore the synagogue and the library were designed as two special spaces that project out from the fully glazed foyer.

links:
Hofseite mit gebogener
Bibliotheksfassade
rechts:
Der Sakralraum –
eine elliptische "Krone"

*The sacral space itself is an elliptical
crown made of exposed concrete with
glazed edges. Its volume is delineated
by a large window that interconnects
the sacral space with the world outside.
Neither the cloth-covered Torah shrine
or the lectern are oriented on the geometric axis of the ellipse.*

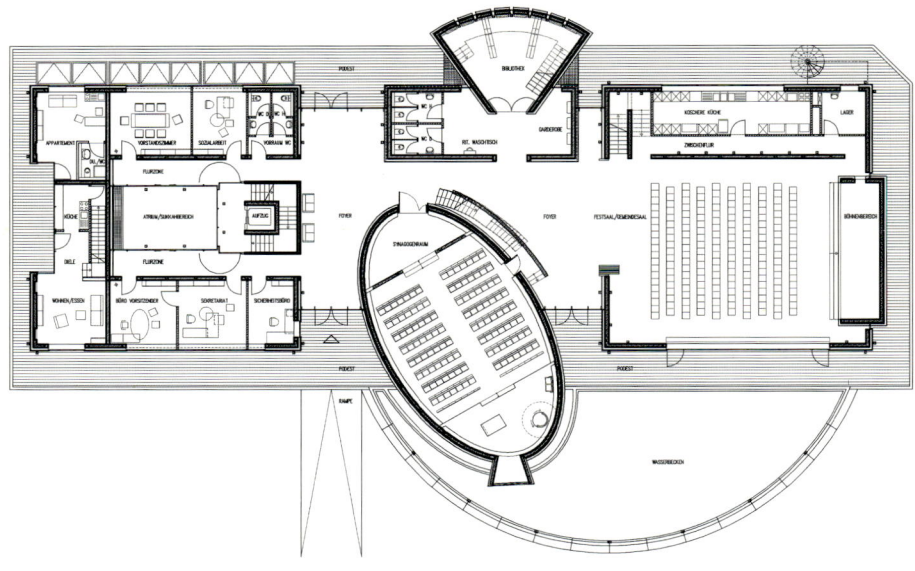

links oben:
Die Synagoge schließt sich
an das vollverglaste Foyer an.
links unter:
Grundriss
rechts:
Im Inneren des Zentralraumes

Synagoge in Dresden

Standort | Location
Am Hasenberg 1, Dresden

Bauzeit | Construction Time
1998 - 2001

Bauherr | Builder-Owner
Jüdische Gemeinde zu
Dresden

Architekten | Architects
Wandel Hoefer Lorch +
Hirsch, Saarbrücken

Die Zerstörung der Synagoge von Gott-
fried Semper 1938 und der Dresdener
Altstadt 1945 sind auf tragische Weise
miteinander verwoben. Die Altstadt
erlebt seit der Wende einen Wiederaufbau im Umfeld neuer Ereignisse, während die neue Synagoge an der Schnitt-
stelle zwischen rekonstruierter Altstadt
und sozialistischer Nachkriegsmoderne,
zwischen gewollter Stabilität und realer
Fragilität eine Mittlerrolle übernimmt.
Zwei Baukörper mit sandsteinfarbenen
Fassaden flankieren den von ihnen defi-
nierten öffentlichen Hof. Die Synagoge
ist ein exkludierender Raum, während
das Gemeindehaus den Blick zum Hof
hin öffnet als eine Art Schaukasten.
Die Begriffe „Tempel" und „Zelt" sollen
hier als Ausdruck des Begriffspaars
„dauerhaft" und „provisorisch" ihren
Ausdruck finden in der steinernen Gebäudehülle außen und innen – einem schim-
mernden Metall-Gewebe. Gemeint ist
wohl der Tempelvorhang, der Schleier
des Zeitlichen, der die Sicht auf das
Ewige, das Zeitlose, versperrt.
Das Ensemble bekennt sich mit der sandsteinfarbenen Fassade aus Betonwerk-
stein deutlich zur Elbregion, versteht
sich erneut als integrativer Bestandteil
regionaler Kultur und bildet eine neue
Eingangssituation mit Signalkraft.

The new synagogue stands on the loca-
tion of an earlier synagogue built by Gott-
fried Semper that was destroyed in 1938.
Two building masses with sandstone-
coloured facades flank a public court-
yard. The synagogue is introverted and
oriented toward the inside whereas the
congregation center opens up to the
view of the courtyard.
The concepts of "temple" and "tent"
were interpreted here into the concepts
of "permanent" and "temporary" that
are expressed in the stone building sur-
faces and the shimmering metal mesh
inside. It symbolizes the temple curtain,
the veil of time that blocks the view of
the eternal.
The ensemble's sandstone-coloured
concrete block facades are fitting to the
Elbe region and help it to fulfill its goal
of integrating the institution into the
regional culture scene.

links:
Innenraum
rechts:
Im Vordergrund die
„geschlossene" Synagoge,
im Hintergrund das offene
Gemeindehaus

Kirche St. Christophorus in Westerland

Standort | *Location*
Elisabethstr. 23, Westerland

Bauzeit | *Construction Time*
1996 - 1999

Bauherr | *Builder-Owner*
Katholische Kirchengemeinde
St. Christophorus, Westerland

Architekt | *Architect*
Prof. Dieter G. Baumewerd,
Münster

Die Geometrie des Kirchenraumes entwickelt sich aus zwei Brennpunkten, wie bei einer Ellipse. In diesen Brennpunkten sind Ambo und Altar angeordnet. So entsteht ein ovaler Raum, der das Zentrum für die liturgische Feier bildet und durch seine Gestalt eine konzentrierte Stimmung schafft. Diese wird verstärkt durch das von oben einfallende Licht.

Die ziegelroten Mauerschalen sind im Osten durch die Tabernakelnische und im Westen durch die Orgelnische unterbrochen. Durch schmale Fenster im Osten wie im Westen ist der Kirchenraum einbezogen in die Bewegung des Lichtes, von Sonnenaufgang bis Sonnenuntergang.

The spatial concept of the Christophorus Church is founded in the center. The geometry here is generated from two focal points, just as with an ellipse. The lectern and the altar stand on these points. Light is directed into the middle of the space from above.

The oval space as the center of the liturgical ceremony gets the attention of the believers. The liturgical ceremony is experienced in the centered space as a repetitive event.

The brick-red wall shells are interrupted by the tabernacle niche in the east and the organ niche in the west. Narrow windows to the east and west allow the church space to assume different atmospheres during the course of the day from sunrise until sundown.

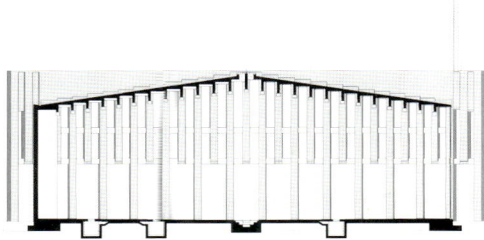

links:
Der Innenraum
oben:
Die Gesamtanlage
unten:
Schnitt

Christuspavillon im Kloster Volkenroda

Standort | *Location*
Kloster Volkenroda,
Körner-Volkenroda

Bauzeit | *Construction Time*
2000 (EXPO) bzw. 2001
(Kloster Volkenroda)

Bauherr | *Builder-Owner*
Evangelisches Büro für die
Weltausstellung Expo 2000
(Auftraggeber) bzw. Jesus-
Bruderschaft Gnadenthal

Architekten | *Architects*
gmp – Architekten von
Gerkan, Marg und Partner,
Hamburg

Ein umlaufender Kreuzgang dient als Wandelhalle und Ausstellungsinszenierung. Er verfügt über eine zweischalige Glasfassade, deren Zwischenräume großformatige Vitrinen darstellen, die ihrerseits mit verschiedensten Materialien gefüllt wurden.

Der Kreuzgang umgrenzt den Christusraum mit 21 mal 21 Metern im Grundriss und 18 Meter Höhe, dessen Dach von neun kreuzförmigen Stützen getragen wird. Dieser Raum empfängt mittig über den Säulenköpfen Oberlicht, wodurch die Vertikale des Raumes betont wird. Die raumabschließende Fläche aus dünn geschnittenem, mit Glas laminiertem Marmor bildet eine lichtdurchlässige Hülle, deren lebendige Farbigkeit die besondere Raumstimmung erzeugt.

Der Pavillon, der als Beitrag der evangelischen und katholischen Kirche auf dem Gelände der EXPO 2000 stand, war als kontemplatives Gegenstück zum Jahrmarkt architektonischer Eitelkeiten während der Weltausstellung gedacht. Nach der EXPO wurde der gesamte Baukomplex zerlegt und mit Ausnahme der unterirdischen Krypta, der Kolonnade und dem Wasserbecken in der Klosteranlage Volkenroda in Thüringen, der ältesten erhaltenen Anlage des Zisterzienserordens in Deutschlands, wieder aufgebaut. Hier hat der Pavillon schließlich seinen gebührenden Platz und den passenden Rahmen gefunden.

An enclosing cloister serves as a foyer. It has a double-layer glass facade that forms large display cases that were filled with a wide range of different materials. The cloister encloses the actual church space. Its roof is supported by nine cross-formed columns. This space receives natural light in its middle, just above the column tops. The spatially enclosing surface made of glass-laminated marble forms a translucent skin.

The pavilion was presented by the Protestant and Catholic Churches at the EXPO 2000. Afterwards, the entire complex with the exception of the crypt, was dismantled and reconstructed at Volkenroda monastery, the oldest preserved building complex of the Cistercian Order in Germany.

links:
Christuspavillon von außen
rechts:
Christusraum, innen

Österreich | *Austria*

Dom in Eisenstadt

Standort | *Location*
Domplatz 1,
Eisenstadt

Bauzeit | *Construction Time*
2000 - 2003

Bauherr | *Builder-Owner*
Dom- und Stadtpfarrkirche
Zum Heiligen Martin,
Eisenstadt

Architekten | *Architects*
lichtblau.wagner architekten,
Wien

Die Einbeziehung des Weges zum Gebäude integriert den alten Dom wieder als prägenden Sakralbau in die Stadt. Im Innern der Kirche herrscht eine warme Atmosphäre, die die Raumqualität des Altbaus wieder spüren lässt. Oberflächen und Materialien sind auf die Domfassade abgestimmt: Der sandsteinfarbige Beton am Vorplatz stellt eine visuelle Verbindung zum gleichfarbigen Kirchenboden aus Natursteinplatten im Innern her. Der Kirchenboden, der nun Heizungs- und Belüftungsanlage aufnimmt, wurde um zwei Stufen auf das Eingangsniveau angehoben.
Die Besonderheit des liturgischen Bereichs unterstreicht der großflächige Teppich, entworfen vom Künstler Gilbert Bretterbauer. Der textile Boden nimmt die warme Farbigkeit der Fenster auf und verbindet visuell das Hauptschiff mit dem Altarbereich, der seine Stimmung dem Licht, das durch das bunte Glas fällt, und der reduzierten Altarmöblierung von Brigitte Kowanz verdankt.

The incorporation of a path that leads to the building assists the old cathedral in once again becoming the formative sacral building of the city.
A warm atmosphere was created on the inside that allows the spatial quality of the old building to again be sensed. The surfaces and materials used harmonize with the cathedral's facade. The sandstone-coloured concrete used on the forecourt connects visually with the church floor of stone slabs inside.
The special nature of the liturgical zone is underscored by a large carpet that was designed by Gilbert Bretterbauer. The textile floor surface continues the warm spectrum of colours of the windows and visually connects the main nave with the altar zone that was outfitted with altar furniture designed by Brigitte Kowanz.

links:
Der Vorplatz
rechts:
Der künstlerisch
gestaltete Teppich verbindet
Altarbereich und Hauptschiff.

Standort | *Location*
Seestr. 67,
Podersdorf/See

Bauzeit | *Construction Time*
2000 - 2002

Bauherr | *Builder-Owner*
Stift Heiligenkreuz

Architekten | *Architects*
lichtblau.wagner architekten,
Wien

Die historische Kirche bleibt das zeichenhafte Element des Pfarrzentrums. Mit dem neuen Messraum, Vorraum und Freiflächen, Pfarrsaal und Pfarrheim entstand eine komplexe Raumfolge, die nicht auf einen Blickpunkt ausgerichtet, sondern im Durchschreiten wahrnehmbar ist. Auf der gläsernen Eingangsfassade werden die Gedanken der Gemeindemitglieder zum Thema Familie/Heilige Familie öffentlich zum Ausdruck gebracht und zur Diskussion gestellt. Diese sichtbar gemachte Gedankenwelt ist die durchsichtige „Außenhaut" der Gemeinde. Ausgehend von einem steinernen Weg in der Grasfläche erreicht man die offenen, atriumähnlichen Höfe. Vorplatz, Vorraum und Eingang sind zwischen Messraum und Pfarrsaal situiert. Die Dreiteilung des Bereichs zwischen Messraum und Pfarrsaal lässt eine jahreszeitlich unterschiedliche Nutzung der Anlage zu. Die Raumfolge der Zugänge dient der Einstimmung zu den Feiern wie auch als Kommunikationsbereich vor und nach den Messen oder Veranstaltungen. Die Hauptrichtung des Messraums ist quer gedreht. Das Absenken des Kirchenbodens zu den liturgischen Möbeln bildet die räumliche Basis gemeinschaftlichen Feierns. Altar und Ambo sind dem liturgischen Konzept entsprechend als gleichwertige „Steine" ausgebildet.

The design of the new building allows the historic church to remain the emblematic focus of the parish center. A complex spatial composition unites the enlarged mass space, the vestibule, outdoor spaces, parish hall, and rectory to a spatial whole that is not oriented to a central point but is rather perceived as one moves through the spaces.
The thoughts of congregation members on the theme of family/holy family were integrated into the glass entrance facade where they are presented for public discussion. This visualized world of thought forms the transparent "outer skin" of the congregation.
A stone path embedded in the grass leads to the open, atrium-like courtyards. The forecourt, the vestibule, and the entrance are located between the mass space and the parish hall.

links:
Der Eingangsbereich
rechts:
Gedanken der Gemeinde
auf gläserner Außenhaut

Autbahnkirche Dolina in Grafenstein

Standort | Location
A2-Abfahrt Poggersdorf,
Grafenstein

Bauzeit | Construction Time
1999 - 2000

Bauherr | Builder-Owner
Diözese Gurk, Kärnten

Architekten | Architects
Ferdinand Certov & Robert
Morianz, Graz

Die Struktur der alten Kirche „Maria im Walde" (Presbyterium 1849, Kirchenschiff 1957) blieb erhalten, wurde aber neu interpretiert, wobei dem Bestand neue Architekturelemente hinzugefügt wurden.

Außen bildet eine schwarze Betonwand die Westfassade. Zwischen dieser und der alten Westwand des Kirchenschiffes entstand Raum für Kerzen, Zeitschriften, die Empore und den Beichtstuhl. Die Betonwand fungiert als Auflage für die neue Tragstruktur des alten Dachs, die ihrerseits als waagerechte Dachscheibe dem Witterungsschutz dient. Die ehemaligen Dachflächen wurden wie die Wände verputzt und bilden mit diesen innen und außen eine Einheit. Die alten Fensteröffnungen wurden auf Lichtschlitze reduziert, bleiben teils spürbar und rhythmisieren den Raum. In die Deckenschlitze wurde Kunstlicht integriert, wodurch die Öffnungen auch nachts sichtbar bleiben. Wand und Dach in warmem Rot bilden einen Schrein, dessen kristalline Wirkung durch die komplexe Raum-Licht-Führung verstärkt wird. Das Inventar aus Sichtbetonfertigteilen und Holz verstärkt die mystische Wirkung des Raumes. Das Fenster des Kirchenschiffs wurde von Johannes Zechner, das des Presbyteriums von Giselbert Hoke und die Gedenkstätte für Verkehrstote von den Architekten gestaltet.

The structure of the old church "St. Maria in the Forest" was retained and new architectural elements were added to it. Outside, a black concrete wall forms the western facade and also serves to support the new structural framework that carries the old roof. The former roof surfaces and the walls were plastered and together form a unified whole. The old window openings were reduced to light slits. The slits in the ceiling were outfitted with artificial light which allows the openings to remain visible at night. The wall and the roof are foreseen in warm red colour tones. The furnishings made of pre-cast concrete elements and wood strengthen the basic effect of the space. The memorial for traffic deaths was designed by the architects.

links:
Ein "Schrein" in Ro...
oben:
Die Betonwand bildet
die neue Westfassade.
unten
Grundriss

Standort | *Location*
Herzogenburg

Bauzeit | *Construction Time*
1996 - 1999

Bauherr | *Builder-Owner*
Augustiner Chorherrenstift
Herzogenburg,
Probst Mag. Maximilian
Fürnsinn

Architekten | *Architects*
Dipl. Ing. Ernst Beneder,
Dipl. Ing. Anja Fischer, Wien

Im Seitengang des Stiftes wurde eine Werktagskapelle eingerichtet. Mit wenigen Mitteln gibt die neue Architektur einen einprägsamen Ort zur Messfeier und stillen Besinnung.

In einer Nische aus Gollinger Konglomerat verbindet sich der Altarbereich aus demselben Material mit der den Fenstern gegenüberliegenden Längswand. Die Nische als leeres Grab, der Altar als weg gewälzter Stein – ein Sinnbild dessen, was nur geglaubt werden kann. Der Ambo – zugleich Ewiges Licht – besteht aus weinrotem Glas, das Tabernakel aus Zinn, das mit rotem Glas ausgekleidet wurde.

Die alten Stuckarbeiten wurden restauriert, die Fenster originalgetreu instandgesetzt. In Längsrichtung folgt dem Raum mit seinem Fußboden aus Wachauer Marmor und seiner nussholzfurnierten Möblierung ein auf Glas gemalter Fries von Prof. Wolfgang Stifter. Dieser bezieht sich auf Augutinus' Schöpfungsgeschichte aus den „Konfessionen": er stellt die Genesis dar, das Werden der Gestalten, den Tod, die Auferstehung und die Vollendung, den Frieden. In der Bildfolge erscheint das Ostergeheimnis über dem Altarbereich. Ein freistehendes Kreuz verbindet durch seine Ausstrahlung das Bild mit dem gegebenen Raum.

A chapel for weekday use was installed in a side passage of the abbey complex. The altar zone in a niche made of Gollinger Conglomerate stone connects to the long wall across from the windows that is built in the same material. The lectern is made of wine-red glass, the tabernacle is clad in tin.

The old plaster decorations were repaired and the windows were restored to their original state. A fries painted on glass panels mounted into the marble floor underscores the long space. It relates the creation history told by St. Augustine in the "Confessions". It depicts the book of Genesis, death, resurrection and consummation. As a continuation of the fries themes the Easter theme is depicted above the altar. A free-standing cross connects the picture with the space.

links:
Die Nische als leeres Grab
rechts:
Dem neu gestalteten Raum
folgt ein bemalter Glasfries.

Evangelische Kirche in Klosterneuburg

Standort | *Location*
Franz-Rumpler-Str. 14,
Klosterneuburg

Bauzeit | *Construction Time*
1994 - 1995

Bauherr | *Builder-Owner*
Evangelisches Pfarramt,
Klosterneuburg bei Wien

Architekt | *Architect*
Heinz Tesar, Wien

Der Kirchenbau ist für 160 Personen ausgelegt und wurde sensibel in den zum bestehenden Pfarrhaus gehörigen Landschaftspark eingefügt.

Ein Kirchplatz stellt die Verbindung zwischen Pfarrhaus und Kirche her, so dass das neue Pfarrgemeindezentrum der evangelischen Gläubigen in Klosterneuburg klar ausformuliert ist. Der Kirchenbau ist in Ost-West-Richtung orientiert und über einem ovalem Grundriss entwickelt. Das entspricht seiner Funktion als Versammlungsraum und gleichzeitig erlaubt dieser Zuschnitt eine Gestaltungsfreiheit bei Gottesdienstfeiern und anderen Veranstaltungen. Der Altarbereich selbst ist um eine Stufe erhöht, die Empore mit Orgel ist wie ein Möbel frei in den Raum eingestellt. Der Kirchenraum ist mit einer flachen, als Himmel interpretierten Decke überwölbt. In dieser sitzen 25 Lichtkuppeln, durch die Tageslicht ins Innere fällt. Die Apsidenwand erhält durch einen hohen Lichtspalt zusätzliches Seitenlicht.

The church building for 160 people was sensitively integrated into the landscape park of the existing rectory. A church plaza serves as a connector between the rectory and the church and forms a clear urban space for the new parish congregation center.

The new church building in east-west orientation has an oval-shaped floor plan. The altar area itself is elevated up one stair, the gallery with its organ is inserted into the space like a furniture piece. The church space is arched over by a ceiling that symbolizes the sky. 25 skylight domes through which light is directed inside are integrated into it. The apse wall is bathed in additional light that flows in through a high opening slit.

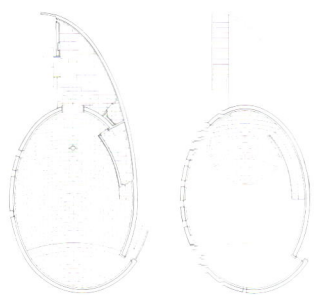

links:
Die Orgelempore
steht frei im Raum.
oben:
Kirche mit ovalem Grundriss
unten:
Grundriss

Aufbahrungshalle in Freistadt

Standort | *Location*
Linzer Str. 60, Freistadt

Bauzeit | *Construction Time*
1999 - 2000

Bauherr | *Builder-Owner*
Stadtgemeinde Freistadt,
Pfarre Freistadt

Architekten | *Architects*
pointner | pointner architekten,
Freistadt und Wien mit
Architekt DI. Josef Ullmann,
Linz

Mit Unterstützung einer aufgeschlossenen Pfarre und einer generösen Stadtverwaltung war nicht nur die Errichtung einer neuen Aufbahrungshalle, sondern auch die Neustrukturierung des gesamten Friedhofsareals möglich.

Der neu entstandene Teil konnte mit einer geänderten Wegführung und der verbindenden Geste eines Platzes mit Glockenturm in das Gesamtkonzept der Friedhofsanlage integriert werden. Die neue Aufbahrungshalle ist ein quadratischer, von Licht durchfluteter Raum. Sie bildet das Zentrum des gesamten Areals. Der in sich gekehrte Raum der Halle ist an einer Seite mit Glasflächen zum lang gestreckten, rechteckigen Wasserbecken und der dahinter liegenden Steinmauer hin geöffnet. Gemeinsam mit dem weit auskragenden Vordach und den linearen Sichtbetonscheiben schaffen die baulichen Maßnahmen Klarheit in der Wegeführung und damit eine gute Orientierung auf dem Gelände. Die erzielte ruhige Grundstimmung bildet einen angemessenen Rahmen für die Verabschiedung der Verstorbenen.

Support from both an open-minded church parish and a generous city administration allowed not only the building of a new funeral facility but also a restructuring of the entire cemetery complex.

The new facility was therefore integrated into the complete site concept by means of a modified path system and the connecting gesture of a plaza with bell tower.

The new funeral building is a cube-like, light-flooded space. It forms the center of the whole facility. The introverted hall space opens via glass surfaces on one side to an elongated, rectangular pool and an enclosing stone wall behind it. The cantilevered roof and linear exposed concrete slab walls of the new building define clear paths and provide good orientation for the site. The quiet sense of space achieved here creates an appropriate place for parting with the deceased.

links:
Innenraum
oben:
Beleuchtete Aufbahrungshalle
unten:
Grundriss

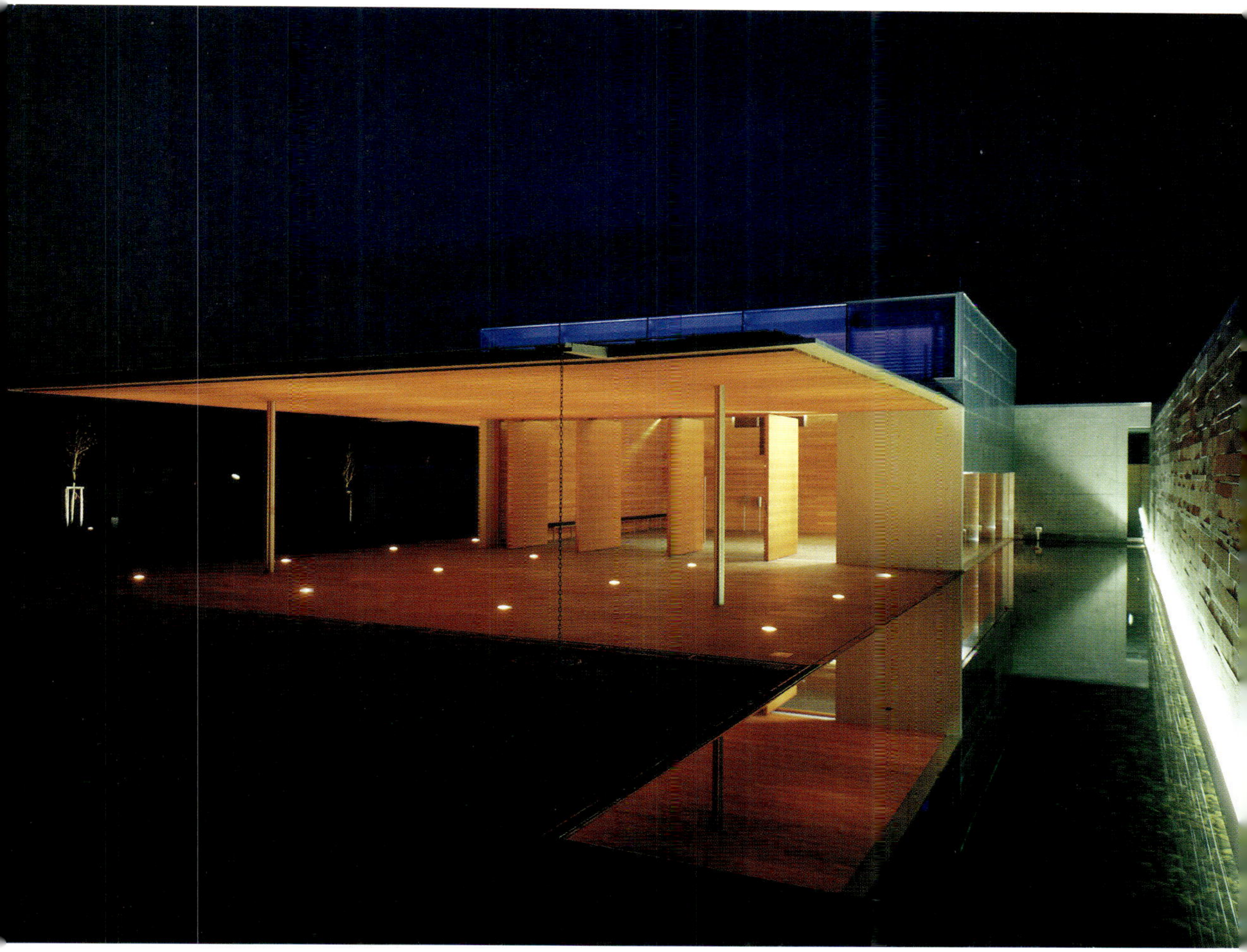

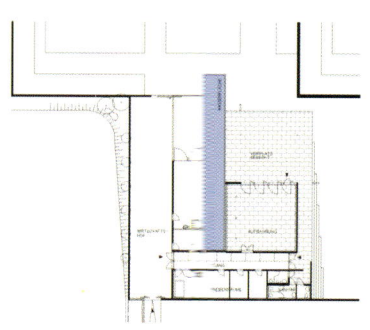

Urnenhain in Linz

Standort | Location
Urnenhainweg 8

Bauzeit | Construction Time
2002 - 2003

Bauherr | Builder-Owner
Linz Service GmbH,
Bestattung und Friedhöfe,
Linz

Architekt | Architect
Prof. Architekt DI. Klaus Kada
Architekt,
Graz

Auf dem Weg zum Urnenfriedhof gelangt man zum Vorplatz, der durch den einfachen Vorhof (Narthex) geprägt ist und von 12 m hohen Mauern umgrenzt wird. Das lineare Konzept der Gebäudeanordnung gibt den Weg der Trauernden vor.
Den Eingang zum Narthex bildet eine Öffnung, die sich über die gesamte Höhe des Gebäudes erstreckt. Durch diese betritt man einen Ort, der durch die besondere Wechselwirkung von Raumhöhe und Licht zur Einkehr und zur Vorbereitung einlädt. Licht gelangt über eine durchscheinende Decke in diesen Bereich.
Über einen Zwischenbereich werden die Trauernden in die Aufbahrungshalle geleitet, die durch eine Glasfassade ins Grüne den Lichtraum wieder zum Realraum werden lässt. In der Aufbahrungshalle befinden sich einzelne Aufbahrungsräume, die durch bewegliche Wandelemente verschließbar sind. Anschließend begleiten die Trauergäste den Verstorbenen in den Verabschiedungsraum. Den vorderen Bereich des Raumes erhellt ein Licht von oben. Nach der Zeremonie, wenn ,Licht-Türen' die Trauernden vom Verstorbenen endgültig trennen, werden die Trauergäste durch seitliche Öffnungen ins Freie geleitet.

The entry plaza of the urn cemetery is characterized by a simple forecourt (narthex), enclosed by 12 meter high walls. The entry opening to the narthex extends up across the building's entire height. Passing through this opening, one reaches a place of contemplation and preparation. Light is directed into the space through a translucent ceiling. The hall for parting from the deceased is connected to the surroundings by a

links:
Totalansicht
rechts:
Das Gebäude als Weg
mit verschiedenen Stationen

glass facade. The hall contains individual rooms where the deceased are laid out. These can be closed with movable wall elements. From here one reaches the ceremonial space where the front zone is lit by a skylight. The mourners are led outside through side openings.

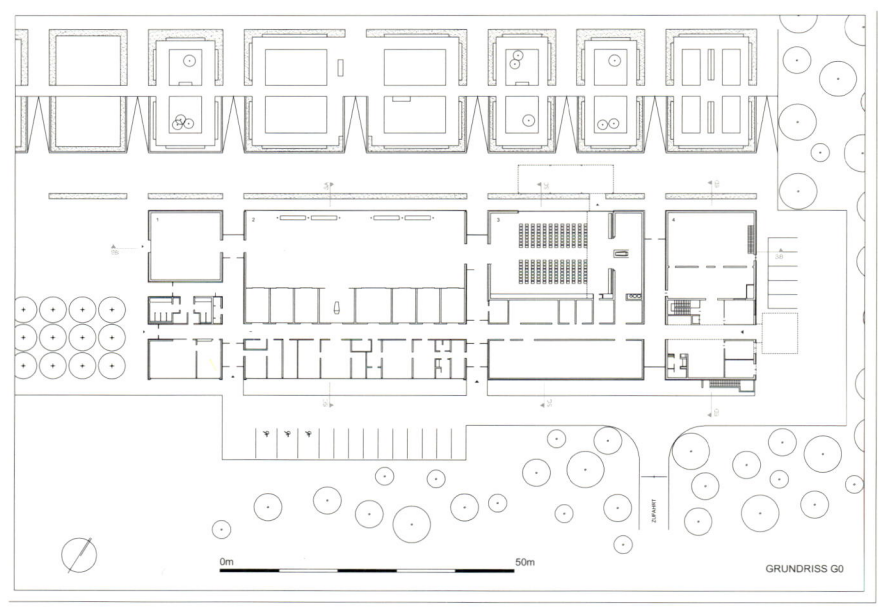

0m   50m

GRUNDRISS G0

links:
Grundriss
rechts:
Verabschiedungsraum

Kirche St. Franziskus in Steyr

Standort | *Location*
Werner-von-Siemens-Str. 15,
Steyr

Bauzeit | *Construction Time*
2000 - 2001

Bauherr | *Builder-Owner*
Römisch-Katholische
Pfarrexpositur St. Franziskus,
Steyr

Architekten | *Architects*
Riepl Riepl Architekten, Linz

Statt eines erhabenen Kirchenbaus rückt hier ein großer Baldachin in den Vordergrund, der durch seine Stellung quer zur Straße eine Pforte bildet. Dabei entsteht ein geborgener öffentlicher Platz, eine wünschenswerte Ergänzung für ein Stadterweiterungsgebiet aus den Siebziger Jahren. Die abendliche Beleuchtung erfolgt durch Anstrahlen der Untersicht, wodurch gleichmäßiges, weiches Licht, gleich einem künstlichen Himmel, entsteht. Durch den Verzicht auf eine Barriere zur Straße bleiben weiträumige Sichtbeziehungen möglich.

Einen Glockenturm sucht man vergeblich, dessen Platz übernimmt der erhöhte Glaskubus, der seit Herbst 2001 durch eine permanente Lichtinstallation des Künstlers Keith Sonnier illuminiert wird.

Der Baukörper wurde aus zart oliv eingefärbtem Beton gebildet, dessen besondere Materialität maßgeblich zur Schaffung eines lokalen Milieus beiträgt. Die Einfärbung sorgt für einen leicht irritierenden visuellen Eindruck von Wärme. Die beiden Sakralräume sind im Inneren großflächig mit Birkensperrholz bekleidet. Die Naturnähe des Gebäudes im Sinne japanischer Häuser ist in Anlehnung an Franz von Assisi,

Patron dieser Kirche, gedacht: Kirche ohne Pathos und augenscheinliche Raffinesse.

Instead of a representative church building it is the baldachin here that shifts into the foreground and forms a gate to the street. In the evening, its underside is illuminated to create uniform, soft light. In place of a bell tower, a raised glass cube is illuminated with a permanent light installation.

The building mass is made of olive-coloured concrete that relays a warm quality. Both of the sacral spaces inside are sheathed in birch wood. The building's nearness to nature created through the utilization of concrete and wood is thought to convey the intentions of St. Francis of Assisi, the patron of the church.

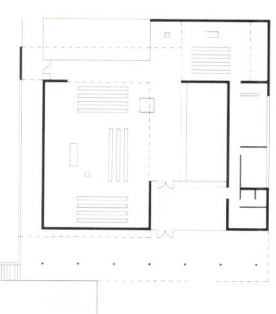

links:
Ein Sakralraum von innen
oben:
Statt Kirchturm
ein Glaskubus mit Lichtkunst
unten:
Grundriss

Synagoge in Graz

Standort | Location
David-Herzog-Platz 1, Graz

Bauzeit | Construction Time
1998 - 2000

Bauherr | Builder-Owner
Stadt Graz, Hochbauamt
mit der Israelitischen
Kultusgemeinde Graz
(Eigentümerin)

Architekten | Architects
Arch. DI. Jörg Mayr,
Arch. DI. Ingrid Mayr, Graz

Die neue Synagoge erhebt sich aus den Ruinen der im November 1938 zerstörten Synagoge. Der Neubau soll an den Vorgängerbau erinnern, wobei auch die früheren Größenverhältnisse maßgebend waren. Mit Ziegeln, die von der alten Synagoge noch erhalten waren, wurden die Außenmauern teilweise wieder aufgerichtet. Der Abstand zwischen den wiedererrichteten Ziegelmauern und dem hineingestellten Neubau wurde verglast.

Die geometrischen Grundkörper Würfel und Kugel beschreiben einen Zentralraum und bestimmen das Erscheinungsbild der neuen Synagoge.

Die Außenwände bestehen aus Stahlbeton mit einer Verblendung aus Ziegeln – als Erinnerung an das Sichtmauerwerk der alten Synagoge – und großflächigen Verglasungen.

Durch auskragende Erweiterungen wird die Empore geräumiger, der Raum zusätzlich beleuchtet und das äußere skulpturale Erscheinungsbild bereichert. Die Tragkonstruktion der verglasten Kuppel besteht aus 12 Stahlsäulen. Diese Säulen, die die 12 Stämme Israels symbolisieren, sind paarweise durch Bögen miteinander verbunden und vereinen sich in der Kuppel zum Davidstern. Ohne sich in den Vordergrund zu drängen, haben diese Symbole eine klare Sprache. Die Gläser der Kuppel sind mit hebräischen Texten aus dem Alten Testament bedruckt.

The new synagogue rises out of the ruins and reminds of the synagogue destroyed here in November 1938. The bricks of the old synagogue were partially used for the new exterior walls. The distance between these walls and the new building mass inserted within them was glazed.

The form of the central space unites the geometric figures cube and sphere.

The exterior walls are constructed of reinforced concrete and foreseen with a facing of bricks and large-surface glass elements.

The gallery was enlarged and is now more spacious. The roof structure of the glass dome comprises 12 steel pillars that symbolize the Tribes of Israel and merge in the dome to form a Star of David.

links:
Die filigrane Kuppel mit Stern
oben:
Auf Ruinen errichtet –
Die neue Synagoge
unten:
Grundriss

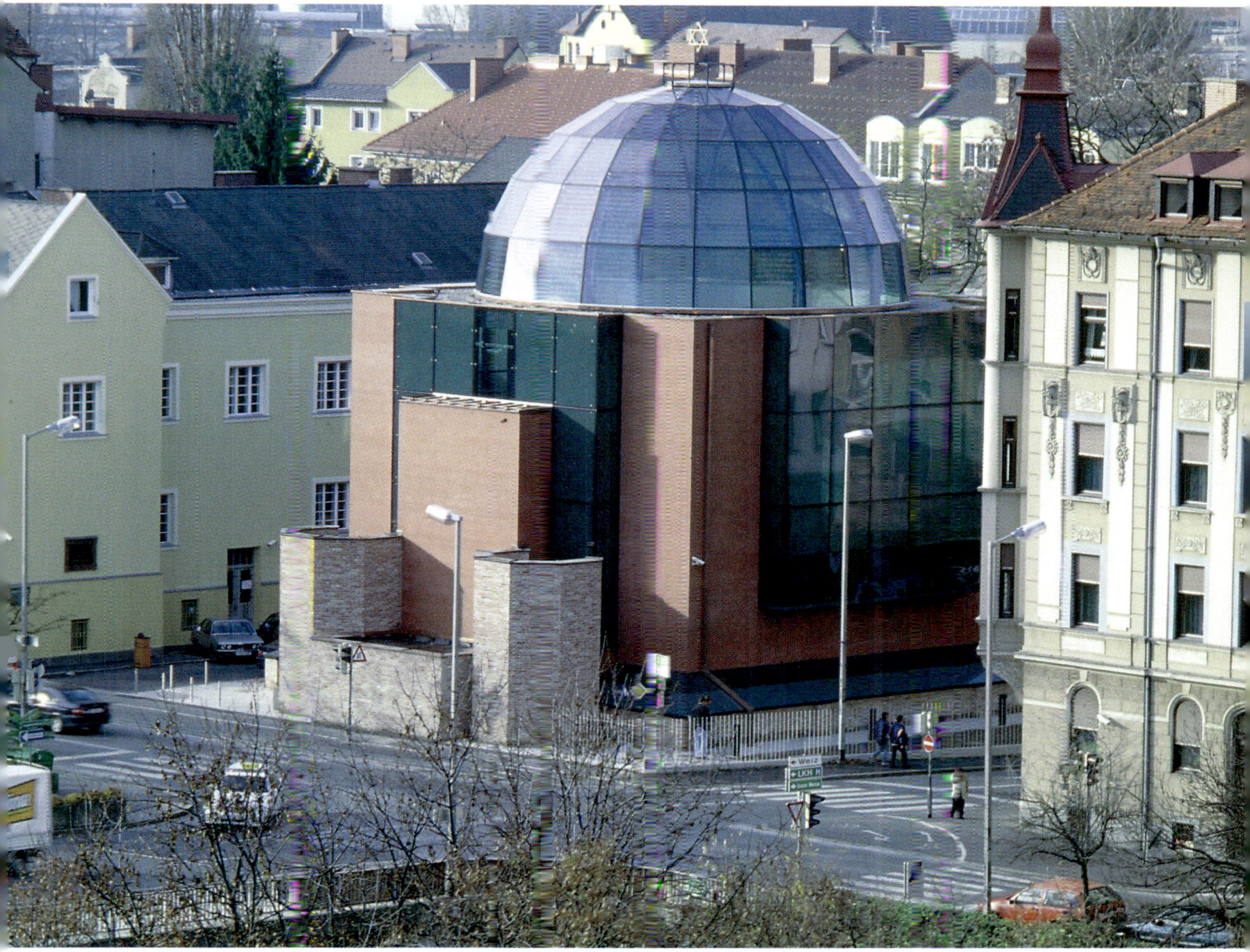

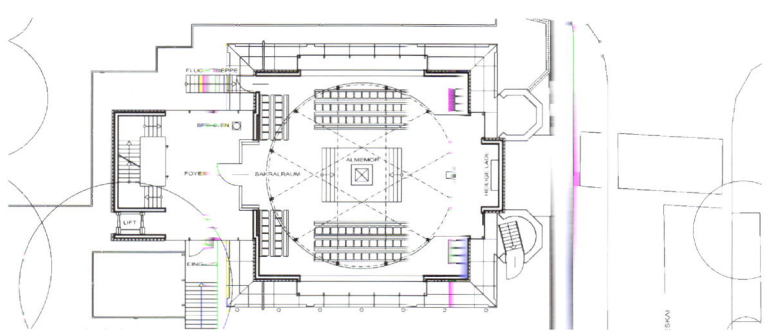

Glockenturm Seetaleralpe in Oberweg

Standort | *Location*
Truppenübungsplatz
Seetaleralpe, Oberweg

Bauzeit | *Construction Time*
1999 - 2000

Bauherr | *Builder-Owner*
Bundesgebäudeverwaltung II,
Graz

Architekten | *Architects*
Architekturbüro
Markus Pernthaler, Graz

Über einem Fundamentkörper aus Beton erhebt sich das Sockelbauwerk, auf dem eine 14 m hohe oktogonale Stahlkonstruktion einerseits die Joche der drei übereinander angeordneten Glocken trägt und andererseits die Unterkonstruktion der „Hülle" bildet. Schmale, gekrümmte Lärchenlatten winden sich scheinbar endlos von unten nach ganz oben, ähnlich einer Helix um den Turm. Das „Dach" der sonst offenen Konstruktion bildet eine textile Membran aus Polyestergewebe in Form einer Wendelfläche. Eine rechteckige, geätzte Glasscheibe mit dem Kreuzsymbol schließt die Komposition nach oben ab.

Die zentrale Entwurfsidee ist die Spirale, die sich über einem massiven, felsartigen Betonsockel in den Himmel erhebt. Sie umhüllt die Glocken und wird gleichzeitig von ihrem Klang durchdrungen. Die Symbolik des „Werdens und Vergehens" wird dabei mit dem Motiv der „Transzendenz" verknüpft. Gleichzeitig kann die Form auch als dreidimensionale Projektion der Schwingungen des Klangs interpretiert werden.

The plinth building rises above the foundation structure and carries a 14 meter high octagonal steel structure that both supports the yokes of the three bells mounted above each other and forms the supporting structure for the "skin". Curved larch slats wind seemingly endlessly like a helix up around the tower. The "roof" of the otherwise open structure is covered with a polyester membrane fabric. A rectangular, etched glass panel with the symbol of the cross completes the composition at the top of the tower.

The central idea forming the composition is a spiral that rises into the sky above a rock-like concrete plinth. It enwraps the bells and is at the same time penetrated by the sound they produce.

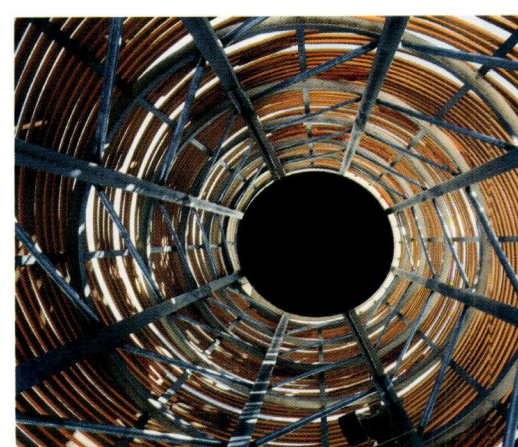

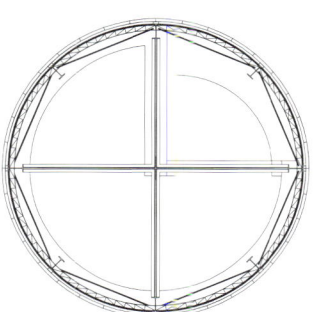

links:
Blick in den Turm.
oben:
Hochatten finden sich
um den Turm.
unten
Grundriss

Standort | *Location*
Oberdorf, Stans

Bauzeit | *Construction Time*
1998

Bauherr | *Builder-Owner*
Gemeinde Stans

Architekt | *Architect*
Jörg Streli, Innsbruck

Dass eine Tiroler Dorfgemeinde wie Stans sich entschließt, neben der Kirche eine moderne Aufbahrungskapelle zu errichten, ist bemerkenswert. Die alte Kapelle war in die „Arkade" integriert, wo sich auch die überdachten Grabstätten befinden. Ein dahinter befindliches Stallgebäude war bereits abgerissen, so dass sich die Gelegenheit ergab, eine angemessenere Kapelle zu errichten.

Durch Abbruch des alten Kapellenteils entstand der benötigte Platz. Die „Arkade" konnte so bestehen bleiben. Die neue Kapelle wendet sich mit dem Eingang zum Kirchplatz. Dieser konnte durch einen schmalen Weg mit der nördlichen Dorfstraße verbunden werden, so dass nun ein öffentlicher Fußweg vom Oberdorf über den Friedhof zum Unterdorf existiert.

Das Natursteinmauerwerk des Neubaus, dem Betonkern vorgeblendet, schließt an das Kalksteingemäuer der Kirche an und gibt dem Raum seinen Halt. Es ist ein archetypischer Raum, ein Trapez, nach Norden im Halbkreis gerundet. Eine leichte Trennwand aus Holz, in die mittig ein großes Kreuz eingelassen ist, bildet an der Sehne der Apsis die Rückwand für den aufgebahrten Sarg.

Das rundum laufende Glasoberlicht lässt das leichte, unterspannte Dach in Stahl, Holz und Kupferblech optisch abheben und öffnet den Blick hinaus.

The old chapel was integrated in the "arcade". When it was demolished, the necessary space was freed up and the "arcade" could be preserved. The new chapel orients itself toward the church plaza that connects to the village street to the north via a narrow path.

The stone masonry of the new building is a facing for the concrete core and attaches on to the limestone wall of the church. It is an archetypical space, a trapezoid that is rounded off to the north in a half circle. At the sinew of the apse, a light separating wall made of wood with a big circle cut out in its middle forms a back wall for the displayed coffin.

The glass skylight makes the roof constructed in steel, wood, and copper plating seem to hover.

links:
Das leichte, unterspannte Dach
rechts:
Die Aufbahrungshalle schließt an das Kirchengemäuer an.

Friedhofserweiterung in Batschuns

Standort | *Location*
Kirchstr.,
Zwischenwasser-Batschuns

Bauzeit | *Construction Time*
2002

Bauherr | *Builder-Owner*
Gemeinde Zwischenwasser

Architekten | *Architects*
marte.marte architekten

Die alte Kirche mit Friedhof von Clemens Holzmeister befindet sich im räumlich offenen Bereich des Dorfes Batschuns als Ortsteil von Zwischenwasser. Nach Osten erstreckt sich ein fast unbebauter Grünraum, nach Westen das Rheintal. Das Charakteristische des Bestandes ist die klare Trennung eigenständig nebeneinander situierter Elemente. Die Friedhofserweiterung ergänzt den Bestand, gleichzeitig löst sie sich formal davon. Entsprechend wurde die traditionelle Abgrenzung mit Umfassungsmauern durch die Schaffung eines Plateaus ersetzt; die dörflichen Wegstrukturen wurden aufgenommen oder ergänzt. Die neue Totenkapelle ist als introvertierter Kubus mit gerichteten Lichteinlässen konzipiert. Ein Eichenholzstab in der Lehmwand bildet den Hintergrund; aus dem Dialog beider Elemente wird ein Kreuz. Die Urnenwand ist Teil der Lehmstruktur: Im Boden eingelassene, geölte Stahlrahmen begrenzen die Grabnischen.

Die Gemeinde hat durch großen Arbeitseinsatz ihre Friedhofserweiterung selbst gebaut. Die außergewöhnliche Ausführung in Stampflehm, für deren technische Umsetzung Martin Rauch aus Schlins verantwortlich zeichnet, fügt das Ensemble homogen in den Naturraum ein und betont die Erdverbundenheit.

The old church with cemetery designed by Clemens Holzmeister is located in the open zone of Batschuns village.
The existing structures are characterized by clear separations of the building elements. The cemetery extension complements the existing complex. The traditional separation with enclosing walls was replaced by a plateau, and the path structures of the village were incorporated.
The new chapel is conceived as a cube with light openings. A oak post in the adobe wall forms a background. The dialogue formed by both elements creates a cross. The urn wall is integrated into the adobe structure, steel frames recessed into the floor surface border the grave niches.

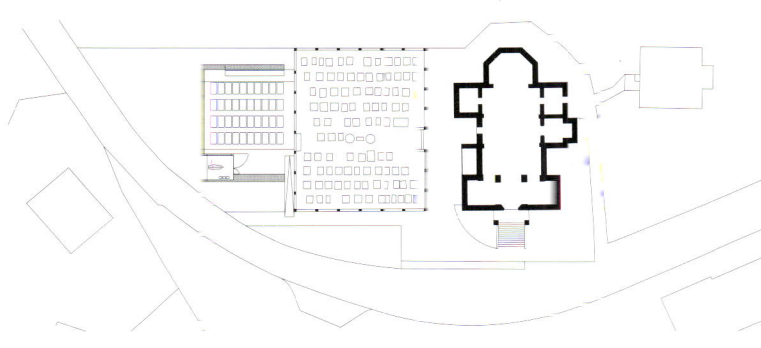

links:
Ganz aus Lehm – die Kapelle
oben:
Die alte Kirche mit
neuer Aufbahrungskapelle
unten:
Grundriss

Standort | Location
Waldburgstr., Nüziders

Bauzeit | Construction Time
1999 - 2000

Bauherr | Builder-Owner
Pfarre St. Viktor und Markus, Nüziders

Architekten | Architects
atelier rainer+amann zt-gmbh, Feldkirch

Schon während der Entwurfsdiskussionen um die Kirchenrenovation bzw. -erweiterung ergaben sich neue Ansätze, die über den ursprünglichen Umfang weit hinaus gingen und die Flächen zwischen Kirche, Pfarrhof und ehemaligem Gemeindeamt mit einbezogen. Von außen präsentiert sich die Kirche heute mit einladendem Vorplatz und großem Vordach, unter welchem sich der neue Emporenzugang sowie der Aufbahrungsraum befinden. Mit Sichtbeton, Stahl und Glas setzt sich das neue Gebäude in Material und Form klar von der historischen Bausubstanz ab. Das neue Vordach ist als Symbol für eine Gemeinschaft unter einem Dach nach dem Motto „Offen für alle" zu verstehen. Es bildet einen gedeckten öffentlichen Außenbereich bei Kirchenbesuchen, Beerdigungen und Festen. Es gliedert den Platz in einen vorderen öffentlichen und einen hinteren ruhigen Bereich, der mit dem neu platzierten Denkmal an die frühere Funktion des Ortes als Friedhof erinnert. Wesentliche Veränderungen im Inneren der Kirche sind die Anordnung der neuen Orgel, die Stufenanlage zum neuen Altar, die wiedererrichtete Empore mit einem neuen Zugang sowie die Eichenholzbänke und -böden.

Extension buildings integrate the spaces located between the church, the rectory, and the former town administration building. The church presents itself with a forecourt and a large entrance roof under which the new gallery entrance and the room for laying-out the deceased are located.
The exposed concrete, steel, and glass materials used in the new building create a clear contrast to the historic buildings. The new entrance roof creates a covered public exterior space and divides the plaza into a public zone towards the front and a quieter zone to the rear that reminds one of the former cemetery function of the place.
Changes inside the church include the placing of a new organ, the steps leading to the altar, the reconstructed gallery, and the oak benches and flooring.

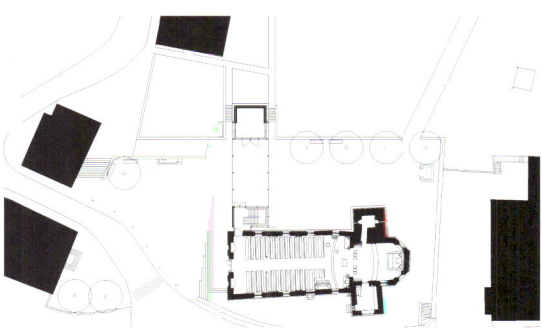

links:
Das neue Eingangsgebäude
oben:
Der leicht veränderte
Innenraum
unten:
Grundriss

Kirche und Pfarrhof Emmaus in Wien

Standort | Location
Tesarekplatz, Wien 10

Bauzeit | Construction Time
1991 - 1995

Bauherr | Builder-Owner
Erzdiözese Wien, Wien

Architekt | Architect
architekt di. otto häuselmayer, Wien

Der quadratische Kirchplatz ist die Mitte der großen Wohnanlage Wienerberg mit 2.100 Wohnungen. Dieses Zentrum ist nur für Fußgänger bestimmt. Das Ensemble aus Kirchenbau und Pfarrhof wurde 1995 fertig und bildet nun die Platzbebauung gemeinsam mit den neuen Nachbarbauten von Peichl, Tesar und Wimmer.

Für die Kirche wurde ein rechteckiger Grundriss mit raumabschließenden Außenwänden entwickelt, wobei das Dach allein von einer stählernen Stützen- und Binderkonstruktion getragen wird, die den Raum in drei Schiffe teilt. Eine nach außen gewölbte Decke aus hölzernen Hohlkassetten bildet den oberen Raumabschluss, rundum verlaufende Fensterbänder und verglaste Flächen im Giebel erhellen und prägen den geschützten und doch offenen Kirchenraum.

Die Wochentagskapelle ist mittig in der Hauptachse der Kirche angeordnet und kann über die dreiteilige hölzerne Altarkonstruktion mit dem Hauptraum verbunden werden.

Der Pfarrhof ist im direkten Anschluss an den Kirchenbau U-förmig um einen Atrium-Hof mit Säulenrundgang entwickelt. Um diesen Hof gruppieren sich Pfarrsaal und Sitzungszimmer. Die Räume für die Jugendgruppen befinden sich unterhalb des Kirchenraumes. Die gesamte Anlage besticht durch unprätentiöse Schlichtheit und konstruktive Eleganz.

The square church plaza forms the center of the large Wienerberg housing settlement. A rectangular floor plan with exterior walls was developed for the church. The roof itself is carried solely by a steel pillar and truss structure that divides the space into three aisles. An arched ceiling of hollow coffers forms the upper border of the space. Window ribbons around it provide illumination of the church space. The weekday chapel is oriented to the main axis of the church and can be connected to the main space via the three-part altar structure. The rectory built next to the church has a U-shaped floor plan that defines an atrium space with a pillared passageway.

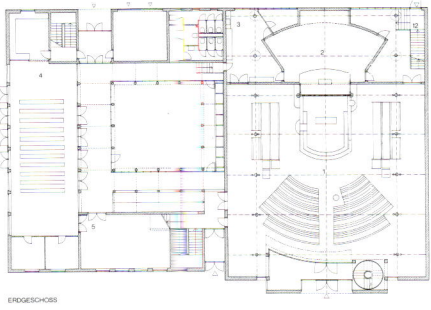

ERDGESCHOSS

links:
Innenraum mit
stählerner Dachkonstruktion
oben:
Die Kirche mit
integriertem Turm
unten:
Grundriss

Standort | *Location*
Theuermarkt 2, Wien 21

Bauzeit | *Construction Time*
1994 - 1996

Bauherr | *Builder-Owner*
Erzdiözese Wien

Architekt | *Architect*
arch. di. otto häuselmayer,
Wien

Kirche und Pfarrhof liegen inmitten eines großen Stadterneuerungsgebietes mit 3.500 neuen Wohnungen im Norden Wiens. Die Kirche ist nach Süden, zur grünen Mitte der großen Wohnanlage rund um den Marchfeldkanal hin ausgerichtet.

Das Areal des Kirchenbaus ist im Bezug zur Nachbarbebauung angehoben und bildet einen überdachten Vorplatz. Der Kirchenraum ist von einem Tonnendach überwölbt, das bis in den unmittelbaren Kirchenvorplatz hinein ragt. Das Dach mit den räumlich konzipierten, unterspannten Trägern ruht auf Doppelstützen, die im Innenraum aus Holz und im Außenraum aus Stahl bestehen. Die Außenwände sind nur raumabschließend und tragen sich selbst.

Unterhalb der Kirche befindet sich ein großer Mehrzwecksaal mit direktem Ausgang ins Freie auf eine unterhalb liegende Terrasse. An der Ostseite der Kirche ist eine dreigeschossige Erschließungshalle mit gläsernem Oberlicht angeordnet, die die Verbindung zum Pfarrhaus und zur Wochentagskapelle herstellt.

Church and rectory are located in a large urban renewal zone in north Vienna. The church is oriented to the south.

The ground plane of the site for the new church is elevated to form a covered forecourt. The church space is arched over by a barrel-vault roof that cantilevers out into the church plaza. The roof with its trusses rests on double pillars that are made of wood inside the space and of steel on the outside.

A large multipurpose hall with outdoor access to a lower terrace is located underneath the church. A three-story circulation space with a glass skylight that serves as a connector to the rectory and the weekday chapel is located on the east side of the church.

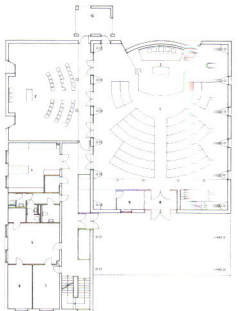

links:
Das Dach ruht
auf Doppelstützen.
oben:
Das Areal wurde etwas
angehoben.
unten:
Grundriss

Pfarrkirche St. Benedikt in Wien

Standort | *Location*
Svetelskystr. 9, Wien 9

Bauzeit | *Construction Time*
1995 - 1997

Bauherr | *Builder-Owner*
Erzdiözese Wien

Architekten | *Architects*
Architekt Zehetner mit
Architekten Michl und
Zschokke, Wien

Im Stadterweiterungsgebiet mit seinen großvolumigen Wohnblöcken sucht die Kirche durch Plastizität und Orientierung ihren besonderen Platz selbst zu definieren. Das Grundstück wird diagonal vom alten „Leberweg" durchlaufen, der weiterhin durch den ovalen Kirchenplatz führt und hier die Grenzlinie zweier Geländeniveaus zeichnet.

Die Kirche selbst bildet mit dem turmartig hochgezogenen Altarbereich (auf elliptischem Grundriss) eine Wegmarke an der wichtigen Nordost-Ecke zur Straßenkreuzung hin. Der von oben beleuchtete Altarraum kann durch verschiebbare Wandelemente vom Hauptraum getrennt werden und ist so als Wochentagskapelle nutzbar.

Die Kirche ist bergend umhüllt von einer massiven, im Grundriss parabolisch gekrümmten Wand. Diese formt kontinuierlich ansteigend zunächst den Platzabschluss, zeigt dann kleine Fenster, die die Kreuzwegstationen abbilden, bis sie den Altarraum – der Altar liegt genau im Scheitelpunkt der Parabel – schneidet und weiter ansteigend dem Raum Dynamik verleiht. Kontrastierend dazu ist der Raum zum Platz hin durch eine transparente Wand geöffnet. Um den Platz gruppieren sich ein Pfarrhaus, das durch einen gedeckten Gang mit der Kirche verbunden ist, ein Kindergarten und Pastoralräume zu einem einheitlichen Ensemble.

The site is crossed by the old "Leberweg" that still leads across the oval church plaza. The church itself has a tower-like altar space with an elliptical floor plan that can be separated from the main church space with movable wall elements to form a smaller weekday chapel.

The church is enclosed by a massive wall that forms a parabolic curve in plan. It climbs constantly to form the enclosure for the plaza. From here, the wall continues with small windows in which stations along the way of the Cross are depicted. It then cuts through the altar space and climbs further. In contrast to it, a transparent wall opens to the plaza side. A rectory, a kindergarten and pastoral spaces are grouped around the plaza.

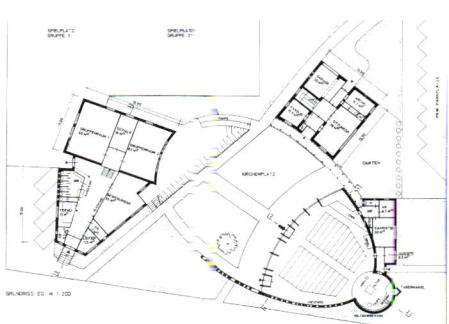

links:
Der ovale Kirchenplatz
oben:
Die Kirche bildet
eine neue Wegmarke.
unten:
Grundriss

Kirche Christus Hoffnung der Welt in Wien

Standort | *Location*
Donaucitystr. 2, Wien 22

Bauzeit | *Construction Time*
1999 - 2000

Bauherr | *Builder-Owner*
Erzdiözese Wien

Architekten | *Architects*
Heinz Tesar mit Marc Tesar,
Wien

Die Kirche wurde in der Donau-City errichtet, die dem historischen Zentrum jenseits der Donau ein Gegenüber geben soll.

Die Figur des Kubus ist durch die Achtkreuzgeometrie bestimmt: Der achte Tag ist das Symbol der Wiederkunft Christi. Die Geometrie wird außen klar formuliert durch die Bekleidung mit schwarzen Chromstahlplatten mit Glanzbohrungen. Verglasungen sind bündig in die Flächen gesetzt. Wesentlich für den Innenraum ist einfallendes Tageslicht durch punktförmige Fenster, die die helle Raumhülle aus Birkensperrholz perforieren. Verglasungen an den einspringenden Ecken verleihen dem Bau seine Kreuzform.

Die Raumecken sind mit Tabernakel, Taufbecken und Madonna besetzt. In eine Holzleibung ist ein vergoldetes Kreuz eingeschnitten. Am Schnittpunkt der Kreuzarme gibt es ein Fenster, durch das am Christkönigstag, dem Tag der Kirchenweihe, ein Lichtstrahl auf den Kreuzweg fällt.

Die Birkenholzmöblierung ordnet sich im offenen Ring um den Altar aus Syenit. Dieser ist zusammen mit Ambo und Sedien um eine Stufe erhöht. Die liturgischen Geräte sind in Silber, Ebenholz und Chromstahl gestaltet. Die hellen, weiß verputzen Räume für

Pfarrsaal, Foyer, Gruppenraum und Kanzlei sind auf einen ruhigen, grünen Hof hin orientiert.

The cubic figure of the church is determined by an eight-cross geometry that is expressed on the exterior in the cladding made of black chrome panels. Windows are set flush with the exterior surfaces. The interior space is illuminated through dot-like windows that perforate the light-coloured spatial hull. Glass elements at the receding corners give the building its cross-like form.

The tabernacle and the baptismal font are located in the corners of the space. A golden cross is cut into a wooden embrasure. A window is formed at the intersection of its arms. The seating is oriented in rings around the altar that is elevated by one step. The white plastered parish hall and foyer spaces are oriented to a courtyard.

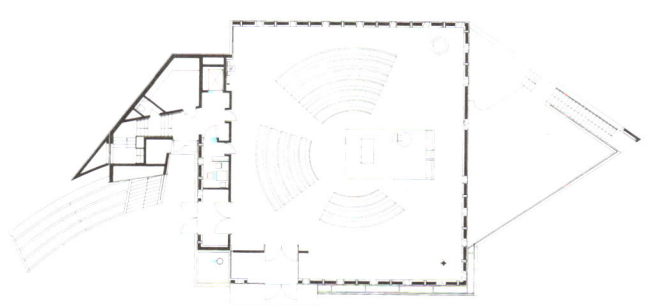

links:
Punktartige Fenster
im Innenraum
oben:
Kubus mit schwarzen
Chromstahlplatten
unten:
Grundriss

Schweiz | *Switzerland*

Kirchenzentrum St. Franziskus in Schinznach-Dorf

Standort | *Location*
Krummenland 1, Schinznach-Dorf

Bauzeit | *Construction Time*
1993 - 1995

Bauherr | *Builder-Owner*
Römisch-katholische
Kirchgemeinde Brugg

Architekten | *Architects*
Architektengemeinschaft
Andreas Graf / Antti Rüegg /
Herrmann + Menziger, Brugg

Mit lang gezogenen Mauern und flachen Dächern fügt sich die Kirchenanlage in das ebene, leicht abfallende Wiesenland ein. Der Kirchplatz wird auf drei Seiten durch Mauern und den niedrigen Gebäudetrakt des Pfarreiheimes eingefasst und öffnet sich mit einer Freitreppe zur Straße hin. Mit der ovalen Form des Kirchenraumes werden in einer einzigen, bergenden Geste Gemeinde und Altar umfangen. Der Raum spiegelt jedoch auch den Gedanken des Weges wider. Die Bewegung, die schon beim Hinabsteigen auf den Kirchplatz und beim Umschreiten des Kirchenschiffes ihren Anfang genommen hat, setzt sich im Inneren fort. Man betritt den Raum ganz hinten im Halbdunkel und geht nach vorne ins Helle zu Altar, Kreuz und Tabernakel, die Kurt Sigrist aus Sarnen gestaltete.

Ein besonderes Licht zeichnet diesen Raum aus. Die Wände bilden einen Horizont, über dem in hellem Lichtschein die Decke zu schweben scheint. Vorne, über dem Altar, fällt Licht durch eine kreisrunde Öffnung: ein Auge, durch das der Himmel in die Kirche hinein schaut – oder umgekehrt.

The long walls and flat roofs of the church complex integrate well into the surrounding flat meadowland landscape. The church plaza is enclosed on three sides by walls and the low building wing housing the parish center and opens toward the street with an open stair. The oval church space inside echoes the notion of a path. The movement that originated outside while descending across the church plaza continues inside. One enters the space into a darker back zone and is led toward the illuminated front where the altar, cross and tabernacle are located.

The walls form a horizon above which the ceiling seems to hover in light. More light flows into the space through a circular window above the altar.

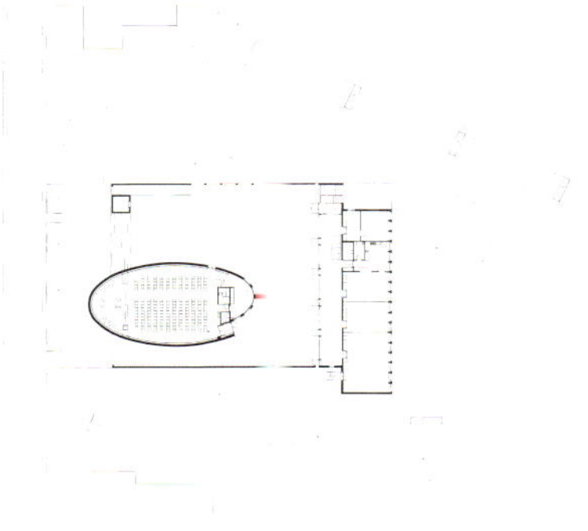

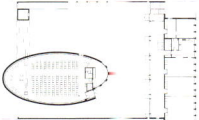

links:
Der ovale Innenraum der
Kirche
oben:
Flache Dächer,
lang gezogene Mauern
unten:
Grundriss

Friedhofserweiterung in Turgi

Standort | *Location*
Friedhofweg, Turgi

Bauzeit | *Construction Time*
1997 - 1998

Bauherr | *Builder-Owner*
Einwohnergemeinde Turgi

Architekten | *Architects*
ARCHITHEKE R. Dietiker, B.
Klaus, dipl. Arch.
ETH/SIA/HTL, Brugg

Mit bescheidenen Mitteln erweiterte die kleine Vorortgemeinde Turgi ihren Friedhof aus dem 19. Jahrhundert um eine Gemeinschaftsgrabanlage.
Das neu erstellte Gebäude mit Aufbahrungsraum und Serviceräumen steht als Tor zwischen altem Friedhof und neuem Gemeinschaftsgrab. Für die Westwand des Gebäudes, die gleichzeitig Friedhofsmauer ist, wurde an Ort und Stelle gegossener, in verschiedenen Farben eingefärbter Beton verwendet. Die Räume sind als leichte, pavillonartige Holzkonstruktion an diese Mauer angefügt. Der Aufbahrungsraum, eine mit Holz ausgekleidete, durch hochliegende Fenster belichtete Stube, strahlt Wärme und Ruhe aus.
Für die Gestaltung des Gemeinschaftsgrabes wurden das ansteigende Gelände und die an das Areal angrenzende Bewaldung so eingesetzt, dass eine geschlossene natürliche Raumkammer entsteht. Sie bildet den ruhigen Gegenpol zur geometrischen Strenge des historischen Friedhofs. Die Kunstobjekte stammen von Marius Brühlmeier aus Baden.

The suburban community Turgi expanded its cemetery from the 19th century with a communal grave facility. The newly built structure with a space for laying-out the deceased and service spaces is placed between the old cemetery and the new communal grave facility. Poured concrete stained in different colours was used for the west facade of the building that also forms the wall to the cemetery. The spaces located along this wall are erected in simple wooden construction. The room for laying-out the deceased is clad inside with wood and well lit.
The rising topography of the site and the adjacent forest were integrated in the design to create an enclosed external space with spatial boundaries partially defined by these natural elements.

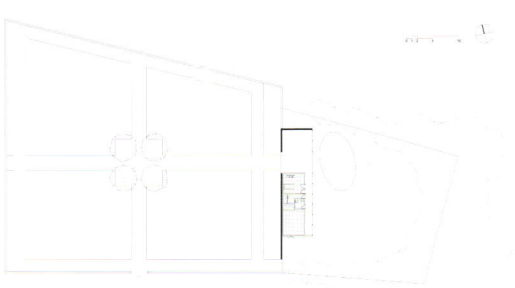

links:
Schlicht und zweckmäßig –
das Tor
oben:
Die Aufbahrungshalle mit
eingefäbten Betonwänden
unten:
Grundriss/Lageplan

Standort | *Location*
Im Dorf 2A,
Thun-Allmendingen

Bauzeit | *Construction Time*
1993 - 1995

Bauherr | *Builder-Owner*
Reformierte
Gesamtkirchgemeinde Thun-
Strättligen, Thun

Architekten | *Architects*
Sylvia & Kurt Schenk-
Architekten AG Architekten
ETH/SIA/HTL, Bern

Das neue Reformierte Kirchenzentrum liegt an einer wichtigen Ausfallachse der Thuner Altstadt. Zusammen mit dem ehemaligen Schulhaus bilden die verschieden hohen Gebäudeteile des Neubaus eine Abfolge von Groß- und Kleindächern entsprechend der vorhandenen ländlichen Dorfstruktur. Der elliptische Kirchentrakt versteht sich als weiteres Glied in der Reihe der bereits vorhandenen öffentlichen Bauten mit Zentrumsfunktionen. Ein an der Kreuzung situierter quadratischer Turm markiert als Wahrzeichen das neue Dorf- und Kirchenzentrum. Alt- und Neubau bilden zusammen mit dem öffentlichen Platz ein ausgewogenes Ganzes.

In Anlehnung an die traditionelle Auffassung des Kirchenbaus im Berner Oberland wurde Holz als dominierendes Material für die Dachkonstruktion und den Innenausbau verwendet. Im Kirchenraum dringt das Tageslicht über ein Oberlichtband durch ein Raum-Fachwerk ein und erzeugt durch die Lamellen ein interessantes Licht- und Schattenspiel. Neben diesem Oberlicht tragen eine Vielzahl kleiner Fenster an der Ostseite zu einer sakralen Stimmung bei.

The new center for the Reformed Church – especially its elliptical church tract – forms a focal point in the country village together with the former schoolhouse. A square tower forms a landmark that marks both the new church complex and the village center. The old and new buildings and the public plaza form a balanced whole.

The traditional wood construction method used in churches in the Bernese Oberland region was reinterpreted here in the roof structure and the interior

links:
Neubau und Altbau
rechts:
Der elliptische Kirchentrak:

finishes. Inside the church natural light enters the space through a skylight ribbon and passes through the structural trusses to create an interesting play of shadow and light. The splay of small windows on the eastern side of the space additionally contributes to the sacral atmosphere.

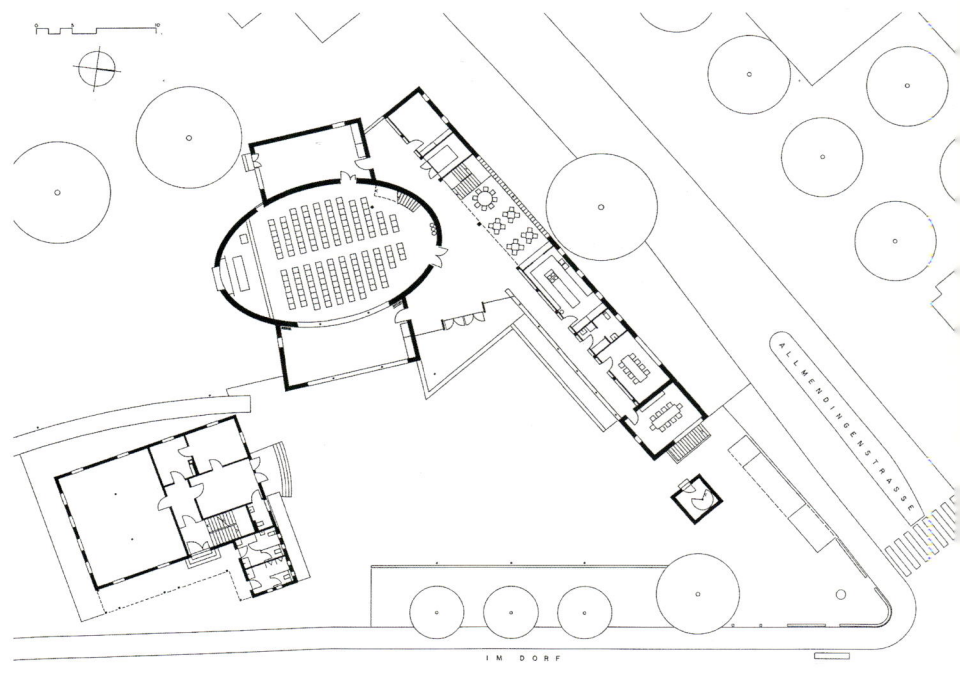

links:
Grundriss
rechts:
Im Inneren der Kirche

Kirchliches Zentrum in Niederwangen

Standort | *Location*
Hallmattstr. 96,
Niederwangen

Bauzeit | *Construction Time*
2003 - 2004

Bauherr | *Builder-Owner*
Evangelisch - Reformierte
Kirchgemeinde Köniz

Architekten | *Architects*
matti ragaz hitz
architekten ag, Bern

Das neue kirchliche Zentrum (KIZ) in Niederwangen westlich von Bern besetzt die Mitte eines sanft ansteigenden neuen Quartierplatzes und steht mit diesem auf vielerlei Art in Beziehung. Wenige, präzise gesetzte Öffnungen mit dunklen Rahmen in der fein lamellierten hellen Holzfassade tragen die innere Gliederung sichtbar nach außen. Ebenfalls ist die leicht geschwungene Dachform der begrünten Dächer an der Fassade ablesbar.

Die Innenräume sind so angeordnet, dass sie einzeln und als Gesamtheit – auch in Verbindung mit dem Quartierplatz – vielfältig genutzt werden können. Das Raumprogramm umfasst drei Raumschichten: das Foyer mit dem Raum der Stille, ein Saal für 100 Personen mit Balkon und Küche sowie die Nebenräume (Jugendraum, Unterrichtsräume und Büros). Diese drei sind je von einem Dach überwölbt.

Das KIZ weist mit seiner Architektursprache den Weg des Übergangs vom ländlich-traditionellen hin zur Gegenwart. Es schafft Kontraste und Polaritäten. Und ebenso können sich hier auch die Gemeindemitglieder begegnen. Das KIZ ist ein Begegnungs- und Aktionsort, um gemeinsam etwas Neues zu schaffen.

The new church center (KIZ) in Niederwangen stands in the middle of a gently rising plaza. Sparse, precisely defined window openings with dark frames set into the light wood-slat facade visibly express the interior disposition on the outside surface. The lightly curved roof form of the green roofs is also visible in the facade.

The interior spaces are laid out so that they can be combined with each other and with the adjacent plaza to fulfill multiple uses. The building program encompasses three spatial layers: the foyer with a contemplation room, the main hall space with balcony and the kitchen with auxiliary spaces. Each of these zones is covered by an arched roof.

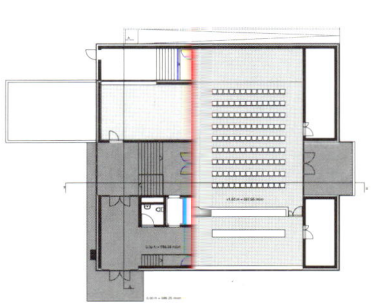

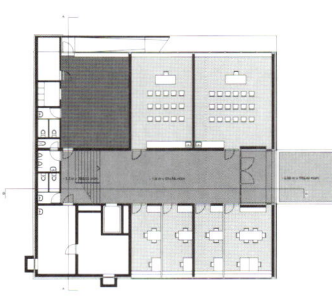

links:
Der Lichthof
oben:
Feine Holzfassade,
geschwungene Dachform
unten:
Grundrisse

Kirchenzentrum St. Martin in Worb

Standort | Location
Bernstr. 15, Worb

Bauzeit | Construction Time
1997 - 1998

Bauherr | Builder-Owner
Römisch-Katholische
Gesamtkirchgemeinde Bern
und Umgebung, Bern

Architekt | Architect
Werner Hunziker, Architekt
BSA/SWB, Luzern

Etwas abseits vom Dorfkern steht das aus mehreren Kuben zusammengesetzte blendend weiße Zentrum in einem irritierenden Kontrast zu den satten Farbtönen der Umgebung. Vor dem eigentlichen Kirchenkörper befindet sich ein klosterähnlicher Vorhof, welcher von einem schlanken Glockenturm flankiert wird.

Im Inneren erlaubt die einfache Grundrissgestaltung ein hohes Maß an Flexibilität und reduziert das Erscheinungsbild auf das Wesentliche. Nicht Spiel und Spektakel, sondern Ort und Qualität prägen die Architektur. Dies umfasst auch die sorgfältige Ausarbeitung der Details und der Einrichtungsgegenstände wie Kirchenbänke und Altarzone. Hinter dem Altar mit aufgeklappter Decke öffnet eine transparente Fassade den Innenraum auf ein von hohen Wänden umrahmtes Wasserbecken, an dessen Rand sich ein schlichtes Kreuz erhebt. Dies ermöglicht einen Dialog zwischen Innen und Außen, Himmel und Erde, Licht und Schatten und nicht zuletzt mit der eigenen inneren Wahrnehmung der Besucher.

Located just outside of the village center the white complex comprised of several cubes contrasts the full colour tones found in the surroundings. The church forecourt is flanked by a tall bell tower. The simple floor plan allows for a high degree of flexibility. The architectural details, interior finishes, and the furniture such as the pews and the altar were designed in the same vein. A transparent wall behind the altar with its folded-out roof opens to a water basin enclosed by high walls with an austere cross on its edge.

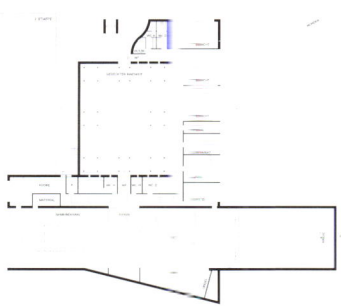

links:
Nicht Spektakel, sondern Ort
oben:
Das weiße Kirchenzentrum
in grüner Natur
unten:
Grundriss

Kirche in Cazis

Standort | *Location*
Pitgongas, Cazis

Bauzeit | *Construction Time*
1996 - 2003

Bauherr | *Builder-Owner*
Evangelische
Kirchengemeinde Cazis

Architekten | *Architects*
Atelier Werner Schmidt, Mag.
Arch/SIA, Trun, Fortführung
Ditrik Peeper, Chur

Der von der evangelischen Kirchengemeinde Cazis im Kanton Graubünden
selbst finanzierte Bau kam bald nach
der Rohbauphase zum Erliegen. Nach
Planänderungen wurden die Arbeiten
2001 wieder aufgenommen. Der Bau
des Kirchturms konnte bisher nicht in
Angriff genommen werden.

Der ungewöhnliche Entwurf aus drei
sich überschneidenden rundlichen
Sichtbeton-Körpern mit eingeschnit-
tenen Lichtöffnungen vermag vielfäl-
tige Assoziationen beim Betrachter zu
wecken: Riesige Steine, Eier oder auch
sich zum Licht hin öffnende Knospen.
In einer Tallage, umgeben von Wiesen,
kommt der in sich ruhende, dreifältige
„Fels" in Hellgrau prägnant zur Geltung,
ohne aufdringlich zu wirken.

Was hier überzeugt, ist die überrasch-
ende Konsequenz und Ehrlichkeit der
Form, die kein effekthaschender Selbst-
zweck ist und auch im Inneren durchge-
halten wurde. Es gibt weder Decke
noch Wand. Der Raum ist schützend
und doch hell und weit. Er lässt Bewe-
gungsfreiheit und zwingt damit keine
festgelegten Blickrichtungen oder
Bewegungsabläufe auf. Frei von über-
kommenen Regeln ist in diesem Kirch-
bau ein völlig neues Verständnis von
Eigenverantwortlichkeit auszumachen.

*The unusual design comprised of three
variously curved exposed-concrete masses with cutout windows may call forth
associations of giant boulders, eggs or
blooming buds. The valley location surrounded by meadows allows the three-
fold gray "boulder" to form a striking
viewpoint.*

*The surprising consequence and hon-
esty that permeates the design inside
and out is especially convincing. Walls
or ceilings in a conventional sense were
not foreseen. The space is protective,
yet light and vast. It allows for freedom
of movement and does not predefine
any given views or patterns of use.*

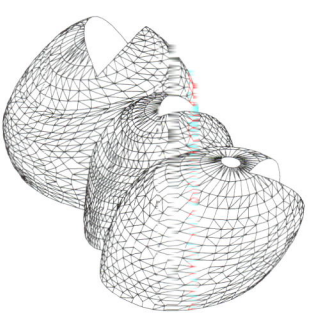

links:
Augenförmige Lichtöffnur g
oben:
Die drei Baukörper –
Nachtaufnahme
unten:
Perspektive der Schalen

Kapelle in Oberrealta

Standort | *Location*
Oberrealta

Bauzeit | *Construction Time*
1991 - 1994

Bauherr | *Builder-Owner*
Kapellenbauverein Realta

Architekten | *Architects*
Rudolf Fontana & Partner,
mit Christian Kerez

Die Kapelle steht am äußersten Vorsprung eines Hochplateaus über dem Hinterrheintal. Dieser topografisch markante Ort wurde bereits vor langer Zeit durch den Bau einer Kapelle betont. Die Grundmauern der zerfallenen Kapelle umrahmen und stützen den Boden der neuen Kapelle. Diese stülpt sich wie ein Gefäß aus gegossenem Stein über die alte Ruine. Die Kapelle erinnert an ein einfaches, gewöhnliches Haus, ist aber eher der Abguss, die Skulptur eines Hauses und so gesehen ein Monument. Die Kapelle hat keinen Dachvorsprung, auch keine verschließbaren Türen oder Fenster. Nicht einmal ein Feldweg führt zum Gebäude. Die Einfachheit und die bescheidenen Dimensionen dienen nur dazu, die dramatische Schönheit der umliegenden Berglandschaft zu steigern. Der Innenraum der Kapelle ist auf einen feinen Lichtschlitz ausgerichtet, der zu schmal ist, um den Blick auf die gegenüberliegende Talseite zuzulassen. Die Wandstärke der Umfassungsmauer ist in der schrägen Leibung des Schlitzes nicht mehr wahrnehmbar. Dadurch gewinnt die Öffnung den Charakter eines immateriellen Lichtzeichens.
Der Vorschlag, die Leere des Innenraumes sinnstiftend mit einem Betonrelief des Künstlers Helmut Federle zu besetzen, konnte noch nicht umgesetzt werden.

The chapel stands on the outmost edge of a high plateau. The foundation walls of a ruinous older chapel enclose and support the floor of the new chapel. It rises like a poured stone above the old ruin. The chapel forms a house-like sculpture and has no projecting eaves or lockable doors and windows. Not even a field path leads to the structure.
The interior orients toward a subtle light-slit opening so narrow that the view outside across to the opposite side of the valley is blocked. This makes it an immaterial light symbol. The proposal to foresee a concrete relief in the empty space could not be realized.

links:
Nur ein Lichtschlitz im Inneren
rechts:
Ort der Einkehr
in grandioser Landschaft

Ubosoth Wat Srinagarindravararam in Gretzenbach

Standort | Location
Im Grund 7, Gretzenbach

Bauzeit | Construction Time
2000 - 2003

Bauherr | Builder-Owner
Somdetya's Stiftung für Wat
Srinagarindravararam,
Gretzenbach

Architekt | Architect
Marcel Niedermaier,
Dipl. Architekt ETH/SIA,
Luzern

Eine thailändische Tempelanlage besteht aus dem eingefriedeten Grundstück, dem Boot (Ubosoth), dem Mönchsgebäude (Gutti) und den Schulräumen (Sala).

Nachdem das Grundstück eingefriedet und das Mönchsgebäude eröffnet waren, konnte im Jahr 2000, als die Finanzierung ohne staatliche Hilfe und Subventionen stand, mit der Planung des „Boots" als dem wichtigsten Teil begonnen werden.

Das Projekt wurde im thailändischen Königshaus begutachtet, da die Anlage für Thais in der Schweiz bestimmt ist. Der Planung des Ubosoth wurde die traditionelle Bauweise zu Grunde gelegt, wenngleich hier auch ein Mehrzweckraum für ca. 300 Personen errichtet werden sollte. Nach religiösen Erfordernissen dürfen z. B. weder Sanitäranlagen noch die Küche im Grundrissbereich des eigentlichen „Bootes" liegen. Daher wurden diese Räume unterirdisch als Sockel des Gebäudes angelegt, mit Öffnungen außerhalb der Einfriedung des Tempels.

Durch die breiten Zugangstreppen zum Mehrzweckraum war es möglich, das „Boot" vom Gelände zu trennen und nur über eine Brücke erreichbar zu machen. Es besteht aus einem kreuzförmigen Raum mit dem Altar im Westen für den Buddha mit Blick in Richtung Osten.

Abweichend von der Tradition befindet sich hier ein Turm auf der Dachkreuzung.

The Thai temple complex is comprised of an enclosed site, the boat (Ubosoth), the monk's building, and school rooms. The planning of the "boat" as the most important element began in 2000.

The design foresees traditional building methods although the program called for an additional multi-functional hall. According to religious requirements neither sanitary installations nor the kitchen should be located within the actual "boat" zone. These spaces were therefore combined to form a plinth with openings oriented outside the temple.

The stair leading to the multi-functional hall allows the "boat" to be elevated above the ground plane and to be solely accessed via a bridge. The multi-functional hall is cross-formed.

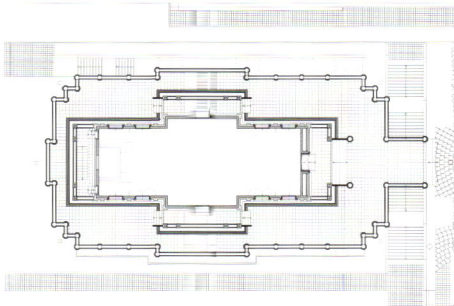

links:
Der kreuzförmige Raum
mit Altar
oben:
Ubosoth ("Boot") mit Turm
unten:
Grundriss

Kapelle Santa Maria degli Angeli auf dem Monte Tamaro

Standort | *Location*
Monte Tamaro, Alpe Foppa,
Rivera, Tessin

Bauzeit | *Construction Time*
1990 - 1996

Bauherr | *Builder-Owner*
Egidio Cattaneo, Monte
Tamaro SA Rivera

Architekt | *Architect*
Mario Botta, Lugano

Die Kapelle liegt auf der Alpe Foppa und ist mit der Luftseilbahn erreichbar. Sie wurde im Auftrag des Besitzers der Bahn entworfen und der Heiligen Maria der Engel gewidmet. Aus einer tragenden Betonstruktur mit einer Verkleidung aus Porphyrstein gebaut, ragt die Kapelle mit ihrem Viadukt weit aus dem Berg. An dessen Ende erreicht man einen Aussichtspunkt, der die Glocke stützt. Von hier aus steigt man die Stufen, die zugleich das Dach bilden, hinunter bis zu einer Treppe, die zum Eingang führt. Ein zweiter Zugang führt unterhalb des waagerechten Weges zum Kirchplatz.

Die Kapelle fügt sich in einen zylindrischen Baukörper. Der Innenraum weist eine Dreiteilung auf: Das Mittelschiff führt vom Eingang her zur kleinen Apsis; die beiden inneren Seitendecken entsprechen dem Verlauf der Treppenstufen des Daches. Jede Stufe enthält ein Glasfenster, das Licht ins Innere wirft. Ein starkes Licht fällt von oben auf die kleine Apsis mit der Wandmalerei von Enzo Cucchi. Auf Bodenhöhe öffnen sich zwei Reihen von Fenstereinschnitten, die einen Blick in die Täler gewähren. Auf den Wandflächen sind Zementplatten angebracht, die der Künstler Cucchi mit Marienthemen gestaltet hat.

The chapel and its viaduct, both constructed in concrete and clad in porphyry stone, dramatically protrude from the mountainside. A lookout point that also serves as a belfry is located at the end of the viaduct. From here one climbs down stairs that also form the chapel roof. A second entrance path leads underneath the level viaduct path to the church plaza.
The chapel is housed in a cylindrical

links:
Kapelle mit Viadukt
rechts:
Die Anlage ähnelt
einer Festung.

building mass. The interior space is divided into three zones. The central nave connects the entrance with the small apse, the two side nave ceilings follow the lines of the stepping roof above. Each step is foreseen with a glass window that directs light into the space. Rows of cut-out windows at floor level open up views onto the valleys outside.

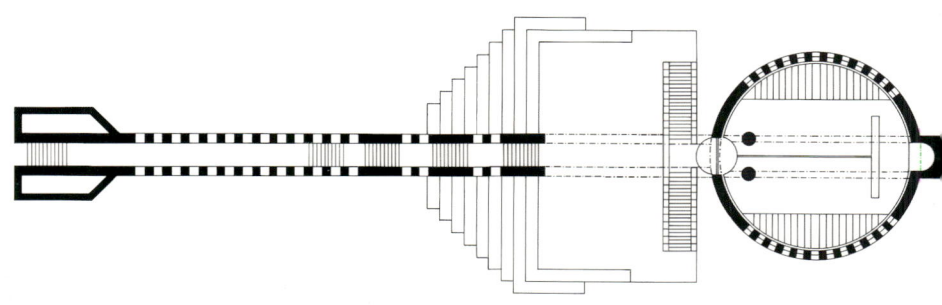

links:
Außen Treppenstufen,
innen Dach
oben rechts:
Mittelschiff mit Apsis
unten:
Grundriss

Kirche San Giovanni Battista in Mogno

Standort | Location
Mogno-Fusio, Maggiatal,
Tessin

Bauzeit | Construction Time
1992 - 1998

Bauherr | Builder-Owner
Verein für den Wiederaufbau
der Kirche, Mogno

Architekt | Architect
Mario Botta, Lugano

Die kleine Bergkirche im Maggiatal passt sich perfekt in den Ortskern ein. Die Grundidee geht auf ein besonderes Naturereignis zurück, als eine Lawine Teile des Dorfes und die alte Kirche aus dem 17. Jahrhundert zerstörte. Die thematische Annäherung war daher ganz spezifisch: Die Spannung zwischen steinernem Mauervolumen und leichtem Glasdach zeugt vom Überleben des handwerklich Gefertigten, das sich hier zum Schutzwall vor den Naturgewalten formt.

Die massiven Steinmauern der Sockelzone charakterisieren die gesamte Anlage, die sich nach oben hin verjüngt. Das kraftvolle Motiv der beiden Strebebögen, welche die talseitige mit der bergseitigen Mauer verbinden, verstärkt den Eindruck von der Resistenz einer Architektur, die sich den Härten der Natur entgegen stellt. Das Konstruktionsverfahren unterstreicht mit den alternierenden zweifarbigen Steinbändern aus Riveo Granit und Peccia Marmor die für den Steinbau typische Schichtung, aufwendig und kraftraubend. Der neue Kirchenbau akzentuiert durch die Übernahme der geometrischen Achse der zerstörten alten Kirche deren historische Setzung. Aus dem elliptischen Grundriss wurde die Kreisform des neuen Daches entwickelt.

The small mountain church in the Maggia Valley fits perfectly into the city center and orients itself toward a church that was destroyed in an avalanche. The tension expressed by the contrasting stone walls and glass roof expresses the survival of the human-made in the face of natural forces. The stone walls of the plinth rise to define the complex that narrows as it rises toward the sky. Two

links und rechts:
Steinerne Mauer und
Glasdach als Schutzwall
vor Naturgewalt

supporting arches connect the valley-side and mountain-side walls. The wall construction with two-coloured stone strips in granite and marble emphasizes the typical layering often found in stone masonry. The new church integrated the geometric axis of the old destroyed church. The circular form of the new roof expresses the elliptical floor plan.

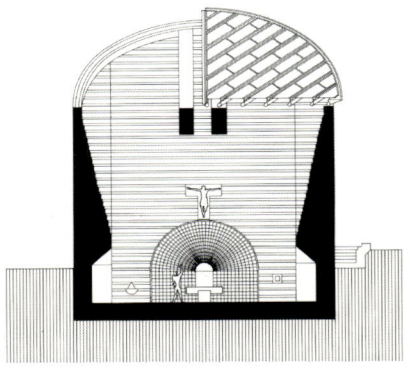 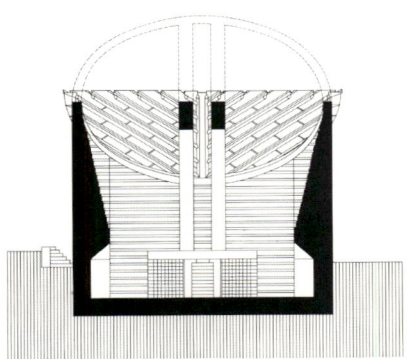

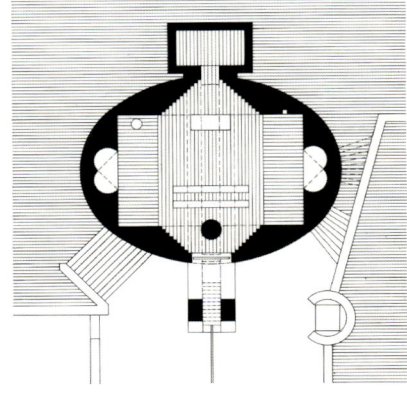

Ort der Besinnung an der Autobahn in Uri

Standort | *Location*
Letzte Raststätte auf der A2
vor dem Gotthardtunnel in
Richtung Süden

Bauzeit | *Construction Time*
1998

Bauherr | *Builder-Owner*
Stiftung für einen Ort der
Besinnung an der Autobahn
in Uri

Architekten | *Architects*
Guignard & Saner Dipl.
Architekten ETH/SIA, Zürich

Der Ort der Besinnung ist an der breitesten Stelle zwischen Autobahn und Reuss quer in das Auenwäldchen gesetzt. Der Kapellenraum für 50 Personen steht dicht an der Autobahn und soll den Vorbeifahrenden als Meilenstein in Erinnerung bleiben. Die Hofmauer umfasst auch den Sockel der Kapelle und löst sich nach oben in eine Gitterstruktur auf, worin die mit Altglasscherben gefüllten Fensterelemente ihren Platz finden. Am Tag leuchten die bunten Scherbenfenster im Inneren. Mit zunehmender Dunkelheit ändern sich die Lichtverhältnisse derart, dass der Kubus durch innen angebrachte Lichtquellen nach außen zu leuchten beginnt.

Die Form eines in sich ruhenden Würfels und die gewählten Materialien Ortbeton, Glas und Aluminium verleihen dem Gebäude die nötige Rauheit, um sich in einer Umgebung ständiger Bewegung (Autobahn) und massiver Dominanz (Berglandschaft) zu behaupten. Die Oberfläche des Gebäudes wird eine Patina ansetzen – somit wird die Natur ihre Spuren hinterlassen.

Die übergroßen Gebetsketten, gestaltet von Clara Saner und Selma Weber, die wie vergessene Zeremonialgegenstände über den Hofmauern hängen, verweisen auf die Bestimmung dieses Ortes inmitten der vorbei sausenden Autos.

The chapel space is located directly adjacent to the freeway. The courtyard wall encloses the plinth of the chapel and turns into a spatial frame as it rises up. The window elements made of recycled glass are mounted within this framework. During the day the coloured glass shards light up inside. At dusk the building, illuminated by interior light sources, begins to cast light outside. The form of a resting cube and the materials concrete, glass, and aluminum give the building the roughness necessary to stand up to the surroundings. The super-large Rosary prayer beads that are hung over the courtyard walls seem like forgotten ceremonial objects and create a reference to the function of this place in the midst of the nearby careening traffic.

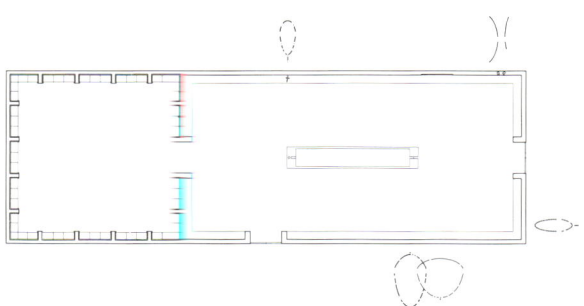

links:
Bunte Scheibenfenster
oben:
Der Baukörper in
spröder Materialität
unten
Grundriss

Friedhofserweiterung in St. Luc

Standort | Location
Place de l'église, St. Luc

Bauzeit | Construction Time
1994 - 1995

Bauherr | Builder-Owner
Gemeinde St. Luc

Architekten | Architects
Architekturbüro A31,
Pierre Schweizer, Architekt
ETHZ-SIA, Sierre

Das kleine Dorf St. Luc mit etwa 360 Einwohnern befindet sich auf 1.650 Metern über dem Meeresspiegel im Val d'Anniviers. Das durch eine steile Topographie geprägte Dorf entwickelt sich längs der Höhenkurven auf verschiedenen nach Süden hin orientierten Terrassen.

Im Zuge der Umgestaltung des Ortskerns erfolgte mittels Verlängerung der bestehenden Stützmauer südlich der Kirche eine Erweiterung des Friedhofes um 15 Gräber mit Erdbestattung. Des Weiteren wurde eine öffentliche Treppe als neue Verbindung vom unterhalb der Friedhofsmauer gelegenen Dorfplatz zu der sich oberhalb der Kirche befindlichen Dorfstraße angelegt, die zugleich als Zugang dient. Darüber hinaus legte man einen neuen Zugang zur Kirche zwischen Urnen- und Erdfriedhof, wobei in einer ersten Etappe der örtlich separat definierte Urnenfriedhof für 72 Urnen und der zentrale Wassertisch mit 24 Grabstätten angelegt wurde. Die Gestaltung erfolgte durchgehend mit den festen Baustoffen Sichtbeton, Naturstein und Schmiedeeisen und den ebenso vorhandenen natürlichen Elementen Wasser und Licht. Entstanden ist eine einheitliche Struktur, die dem Dorf nun ein ganz neues, durchgehend gestaltetes Gesicht verleiht.

The small village St. Luc is situated in the Val d'Anniviers on several terraces at 160 meters above sea level.

When the city center was newly outfitted it was decided to expand the cemetery to the south of the church with 15 new gravesites. A stair was also foreseen to create a connection from the village plaza below the cemetery wall to the street above the church. This stair also serves to access the church. An additional entrance to the church was foreseen between the urn and earth cemeteries and the separate urn cemetery was laid out with a central water surface and 24 gravesites. The materials utilized include exposed concrete, stone, wrought iron, and the natural elements water and light.

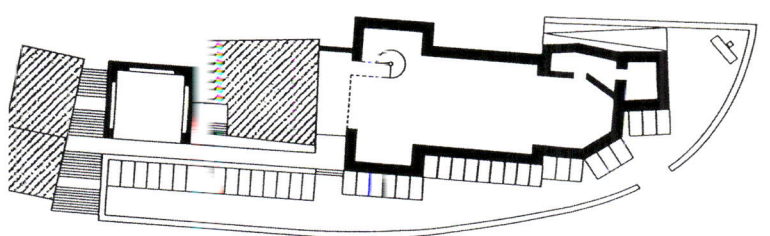

links:
Der umgestaltete Ortskern
oben:
Der zentrale Wassertisch
mit 24 Grabstätten
unten:
Grundriss

Neuapostolische Kirche in Bülach

Standort | *Location*
Nordstr. 7, Bülach

Bauzeit | *Construction Time*
2001 - 2003

Bauherr | *Builder-Owner*
Neuapostolische Kirche
Schweiz, Zürich

Architekt | *Architect*
Dürig AG
(ehemals Dürig & Rämi AG)

Der Neubau für die Neuapostolische Kirche in Bülach ist gleichzeitig Kirche, Wohnhaus und der erste Baustein eines neuen Stadtteils von Bülach nördlich des Bahnhofes.

Der schlichte Baukörper der Kirche wirkt durch die Profilglas-Fassaden, die aluminium-gerahmten Öffnungen und die ruhige Proportionierung. Im Inneren sind die Grundrissanordnung, der Lichteinfall durch die durchscheinenden Gläser und Materialien mit einer natürlichen Farbigkeit (eingefärbter Beton, Gips, Polyurethan-Fließbelag, Holz und Netzgewebe aus Glasfaserstoff) die Hauptelemente zur Herbeiführung einer sakralen Atmosphäre. Als Raumteiler fungieren Vorhänge und die mit Buchenholz furnierte Falttrennwand. Der mit Blattsilber belegte Kirchenaltar vor der Pfeifenorgel ist in seiner kubischen Form sehr einfach gestaltet.

Die Kirchenräume und sechs Wohnungen befinden sich im gleichen Gebäude. Alle Kirchennutzungen liegen im Erdgeschoss, der Kirchensaal erstreckt sich jedoch über die volle Höhe von drei Geschossen. Um diesen Raum herum sind auf zwei Geschossen die Wohnungen angeordnet. Sie umschließen einen Innenhof, der den Mittelpunkt für die Wohnungen bildet. Das Zusammenfassen von verschiedenen Nutzungen unter einem Dach ist urbaner Ausdruck von Toleranz.

The new complex for the New Apostolic Church in Bülach unites both church and residential uses.
The austere building mass of the church is characterized by a combination of profile-glass facades, aluminum framed openings, and calm proportions. The floor plan, the light flowing in through translucent glass, and the natural-coloured materials are the main elements inside. The space can be subdivided with curtains or a folding wall. The altar in front of the organ has a cubic form. The church spaces and the six apartments are located in the same building. The space of the church hall entails three stories. The apartments are located on two levels around this space and enclose an interior courtyard.

links:
Der Kirchenraum
oben:
Der Baukörper
mit Profilglasfassade
unten:
Grundriss

Kirche St. Dimitrios in Zürich

Standort | *Location*
Rousseaustr. 17, Zürich

Bauzeit | *Construction Time*
1994 - 1995

Bauherr | *Builder-Owner*
Ortho-Foundation, Zürich

Architekt | *Architect*
Marcel Ferrier Architekt
BSA/SIA, St. Gallen

Ein prismatischer Baukörper, der alle Räume des kirchlichen Zentrums zusammenfasst, schließt das bestehende Quartier am Brückenkopf ab. Zur Rousseaustraße und zum Quartier hin ist der kreuzgangartige Rahmenbau offen und durch eine Baumallee begrenzt. Von Bedeutung ist die räumliche Sequenz im Übergang von der profanen in die sakrale Sphäre. Den eigentlichen Kirchenraum bildet der weiße Kegelstumpf, der von einem inneren Kuppelbau durchdrungen ist. Der Entwurf der Kirche geht von innen aus. So ist der Kuppelbau als Baldachin zu verstehen, als innere Raumschicht, die von einer vom oberen Ring erleuchteten Schale umgeben ist. Die Raumschichten verdeutlichen die Innerlichkeit, wie sie den frühchristlichen Kirchen eigen war. Die traditionelle hölzerne Einrichtung und die Ikonenmalerei wurden durch den Bauherrn selbst konzipiert und angefertigt.

A prismatic building form encompassing the church center completes the existing neighbourhood. The cloister-like building opens on to the Rousseaustraße and the adjacent quarter. The spatial sequence from the profane zone into the sacral realm is especially emphasized. The church space is formed by a white sphere segment that is intersected by an inner dome structure. It can be perceived as a baldachin that is lit via a shell that is illuminated by the upper ring. The spatial layers create an inwardness similar to that found in Early Christian churches. The traditional wooden furnishings and icon paintings were conceived and executed by the builder-owner.

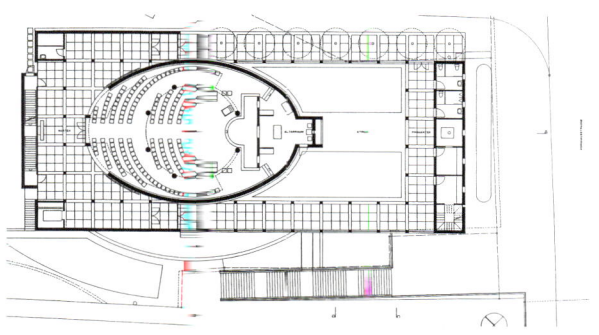

links:
Kontrastreich – der Innenraum
oben:
Ein ganzes Kirchenzentrum
umfasst den weißen Kegel-
stumpf mit dem Sakralraum.
unten:
Grundriss

213

Hinduismus | *Hinduism*

Der Hinduismus ist die älteste und vielgestaltigste der großen Religionen. Er kennt keinen Stifter und keine allgemein verbindliche Lehre, sondern vereinigt eine Vielzahl unterschiedlicher Glaubenssysteme. | Als heilige Schriften gelten hauptsächlich die vier (über mehrere Jahrhunderte entstandenen) Veden: Rigveda (Opferhymnen), Samaveda (Gesänge), Yajurveda (Spruchsammlung) und Atharvaveda (Gebete und Hymnen), deren Ausdeutung der Priesterkaste, den Brahmanen, obliegt. | Allen hinduistischen Lehren gemeinsam ist der Glaube an den Kosmos als ein geordnetes Ganzes, das von einem Weltgesetz (dharma) geleitet wird. Dieses fungiert zugleich als ethische Ordnung und bestimmt auf Erden das hierarchische Kastenwesen der klassischen indischen Gesellschaft. Sehr unterschiedlich sind die Gottesauffassungen: Im Hinduismus können Polytheismus, Henotheismus (Hochgottglaube), aber auch Atheismus und der Glaube an ein unpersönliches kosmisches Gesetz nebeneinander bestehen. Der Volksglaube verehrt eine Vielzahl von dargestellten Göttern in den Tempeln. Als Hauptgötter gelten die Dreiheit (Trimurti) von Brahma, dem Schöpfer; Vishnu, dem Erhalter; und Shiva, dem Zerstörer, da sie den ewigen Kreislauf des Werdens und Vergehens verkörpern. Opferrituale spielen als Formen der Anbetung (Puja) der Götter seit der Frühzeit eine besondere Rolle; in Götterbildern oder bestimmten Symbolen wird die Gottheit selbst verehrt, sie ist in den Symbolen quasi „anwesend". | Obwohl die Vorstellungen unter den Schulen verschieden sind, lehren alle hinduistischen Systeme das Walten des dharma, dem alle Wesen (auch die Götter) und Dinge unterworfen sind. Es leitet den Kreislauf des Werdens, Vergehens und Neuwerdens von allem. Für den Menschen muss es durch ethisches Verhalten darum gehen, eine möglichst gute Wiedereinkörperung seiner Individualseele (Atman) zu erlangen, die sich nach dem Tode mit der tragenden „Allseele" (Brahman) wiedervereinigt und dann erneut eine individuelle Form annimmt. Die Taten im Leben werden bei der Wiedereinkörperung der Seele im nächsten Leben „angerechnet" (Karma-Vergeltung").

Of the major religions, Hinduism is the oldest and most polymorphic. It does not hold to have been founded by any given person or god and does not adhere to predefined teachings but rather unites a multitude of different belief systems. Hinduism's holy scriptures are comprised of the four Vedas: the Rig Veda (offering hymns), the Sama Veda (chants), the Yajur Veda (antholqy of aphorisms), and the Atharva Veda (prayers and hymns), Brahmanas, priests who belong to a select caste, interpret these holy scriptures. | The notion of the cosmos as an ordered whole that is guided by a law of the world (Dharma) is a common belief uniting all Hindu teachings. This law of the world serves to define ethic order and also, during life, manifests itself in the hierarchic caste structures of classic Indian society. The concept of god encompasses a vast range of possibilities: Hinduism allows such diverse concepts as polytheism, henotheism (belief in a high god), atheism, and the belief in an impersonal cosmic law all to exist side by side. Popular belief worships a multitude of gods that are depicted in the temples. The Trinity (Trimurti) of Brahma, the Creator; Vishnu, the Preserver; and Shiva, the Destroyer are held to be the main gods because they manifest the eternal cycle of being and passing on. Sacrificial rituals as forms of god worship (Pujas) have played a special role since early times; the deity is hereby worshiped as if it were actually "present" in god-like figures or given symbols. | Although the ideas vary greatly between the major Hindu schools of thought, all Hindu systems adhere to the belief in the Dharma as a universal force to which all beings (including the gods) and things are subservient. The Dharma determines the cycle of being, passing on, and renewed being of everything. A human being must act ethically in order to achieve the best possible renewal of his individual soul (Atman). After death, it reunites with the all-encompassing "universal soul" (Brahman) and once again assumes an individual form. When the soul is renewed all acts carried out in life are "tallied up" (Karma retribution) for the next phase of being.

Buddhismus | *Buddhism*

Der Buddhismus (aus Sanskrit „buddh" = erwachen, nämlich aus dem Nicht-Wissen zur Lehre) hat sich erst zur Religion entwickelt, denn er war ursprünglich eine philosophische Selbsterlösungslehre. Der Gründer Gautama Buddha (560-480 v. Chr.) betonte die Wissens-Erlangung aus eigener Kraft, ohne göttliche Offenbarung. Kern seiner ethischen Lehre ist die Erkenntnis, dass das Individuum, das „Ich" mit seinem Streben nach den Dingen der Welt dem Leiden verfällt, da alles Leben durch die Gier (den „Durst") Leiden ist. In seinen „vier heiligen Wahrheiten" bzw. dem „achtfachen Pfad" geht es Buddha um die Aufhebung des „Durstes" durch Erkenntnis der wahren Zusammenhänge, da nur der „Durst" den ewig Leiden schaffenden Kreislauf der Wiedergeburten bzw. Wiedereinkörperungen der Seele in Gang hält. Da Erkenntnisziel des „Nirvana" ist kein Nichts, sondern die Aufhebung der individuellen Gier durch Erfahrung des Einsseins mit dem Kosmos und seinem Gesetz. | Die recht abstrakte Kosmologie wurde durch die rasche Ausbreitung des Buddhismus in Asien bald mit Formen der Volksreligion bereichert, wobei die Friedfertigkeit und Toleranz der Lehre die Aufnahme neuer Elemente begünstigte. Der Buddhismus lehrt ethisch die Liebe zu allen Lebewesen, um deren Erlösung sich der Wissende zu bemühen hat. So wurde aus dem Buddha ein Erleuchteter, der Urtyp des Weisen; besonders verehrt (in regional unterschiedlichen Formen) werden die Bodhisattvas: Erlösungswesen, die eigentlich für sich die Buddhaschaft bereits erreicht haben, jedoch auf das Eingehen ins Nirvana „verzichten", um anderen Lebewesen zu Erkenntnis und Erlösung zu verhelfen. | Im Buddhismus spielten Mönche und Laien von jeher eine besondere Rolle; die beiden Hauptrichtungen der Lehre sind der strengere Hinayana-Buddhismus („Kleines Fahrzeug") der Mönche und der eher großzügige Mahayana-Buddhismus („Großes Fahrzeug") für die Masse der Gläubigen. Durch Aufnahme volksreligiöser Elemente haben sich viele regionale Besonderheiten ausgebildet, so der Zen-Buddhismus in Japan oder der Lamaismus in Tibet.

From its roots as philosophical self-redemption teachings, Buddhism (from the Sanskritic "buddh" = awakening, namely from non-cognition to the teachings) later developed into a religion. The founder Gautama Buddha (560-480 B.C.) emphasized the attainment of knowledge by one's own power, without reliance on divine revelation. At the core of his ethic teachings stands the realization that the individual, the "ego", falls into suffering whilst striving for the things offered by life. Thus, lust (the "thirst") makes life constant suffering. Because the "thirst" fuels the eternal cycle of suffering via rebirth or soul renewal Buddha concentrates in his "Four Holy Truths" and the "Eight Fold Path" on eliminating the "thirst" through attainment of true elementary knowledge. The goal to be attained through "Nirvana" is not nothingness but rather the revocation of individual lust through experiencing unity with the cosmos and its law. | During Buddhism's rapid spread across Asia this abstract cosmology was enriched with elements of popular religion. The incorporation of new ideas and aspects was facilitated by the peaceable tolerance embodied in the teachings. Buddhism teaches an ethic code of love for all living creatures and that all those possessive of knowledge should be concerned with their redemption. Buddha came to be worshiped as an enlightened figure and as a prototype of wisdom. Bodhisattvas, redemptive entities that have already attained enlightenment for themselves yet decline entrance to Nirvana in order to assist other living creatures attain awareness and redemption, are especially worshiped in regionally varying forms. | From its very beginnings monks and laymen played a central role in Buddhism. The two main branches of the teachings are the more strict Hina-Yana Buddhism (Little Vehicle) practiced by the monks and the more generous Maha-Yana Buddhism (Greater Vehicle) for the masses. Diverse regional subforms of Buddhism, such as Zen Buddhism in Japan or Lamaism in Tibet, resulted through incorporation of local popular religious traditions.

Judentum | *Judaism*

Das Judentum ist die älteste der drei großen monotheistischen Religionen. Seine zentrale Lehre ist der Bund, den der einzige Gott Jahwe frei mit dem Volk Israels geschlossen hat. Die „Erwähltheit" der Juden als Dialogpartner Gottes bleibt ein Mysterium und wird von diesen als Gnade und Verpflichtung interpretiert, deren sich die Menschen würdig zu erweisen haben. Jahwe ist nicht nur der Schöpfer der Menschen, die er nach seinem „Ebenbilde" schuf (Genesis 1, 27), er hat sich ihnen auch offenbart (Jahwe: „Ich bin der ich bin"), bleibt aber jeder „Wesenserforschung" unzugänglich. | Immer wieder sprach Gott durch die Propheten zu den Menschen, wovon die Hebräische Bibel kündet. Eine besondere Rolle nimmt Moses ein, der das Volk Israel nicht nur aus der Knechtschaft der Ägypter in das „verheißene Land" führte, sondern dem Gott auch auf dem Berg Sinai seine Gebote an die Menschen übergab. Den Kern bilden die 10 Gebote, doch umfasst die gesamte jüdische Thora, die zugleich Lehre und Gesetz ist, insgesamt 613 Gebote und Verbote. | Der jüdische Jahreslauf kennt zahlreiche Feste, in denen des Bundes mit Gott, aber auch Begebenheiten aus der Geschichte des Volkes Israel gedacht wird, und betont den Sabbat als geheiligten Ruhetag (7. Tag der Woche). Eine besondere Rolle spielt die Eschatologie, die Heilserwartung: So wie Gott sein Volk aus der Knechtschaft und durch Geschichte und Verfolgung geführt hat, so wird er es auch zur Erlösung führen. Der gläubige Jude kann geradezu als der „hoffende Mensch" gefasst werden, der auf das Kommen des Erlösers, des Messias hofft. Der messianische Glaube in seinen historisch vielfältigen Ausprägungen und das Vertrauen auf die Gnade Gottes gab dem Volk Israel auch in der nachbiblischen Zeit der „Zerstreuung in alle Welt" (Diaspora) und den Perioden schwerster Verfolgung bis in die jüngste Zeit Kraft und Mut. Diese Verfolgungen erreichten im Holocaust der Nationalsozialisten ihre brutalste und schrecklichste Form. | Der Zionismus ist eine im Ursprung eher säkulare Bewegung, die sich Ende des 19. Jahrhunderts ausbildete und auf die Rückkehr der Juden in das „gelobte Land" setzte. Sie trug entscheidend zur Gründung des Staates Israel 1948 bei.

Judaism is the oldest of the three big monotheistic religions. The core of its teachings is founded in the union that the singular god Yahweh formed of his own free will with the people of Israel. This "destiny" of the Jews to be in dialogue with God remains a mystery and is interpreted as mercy and as a commitment for which humans must prove themselves worthy. Yahweh is more than just the creator of the human beings he created in "his own image" (Genesis 1:27). He also manifested himself to them (Yahweh: "I am who I am") yet his essence can not be comprehended. | As related in the Hebrew Bible, God repeatedly spoke through the prophets to mankind. Moses plays a special role - because he led the people of Israel out of Egyptian servitude to the "Holy Land" and also received God's commandments for mankind on Mount Sinai. The Ten Commandments form the core of the teachings, but the entire Jewish Torah contains 613 commandments and taboos. | The Jewish calendar contains various seasons and festivals by which the union with God as well as historical events of the people of Israel are commemorated. It emphasizes the Sabbath as a holy day of rest (the 7th day of the week). Eschatology, redemptive expectation, plays a special role - herein it is believed that since God led his people out of servitude and persecution that he will therefore lead them to redemption. A devout Jew can be characterized as a "hopeful soul" who hopes for the arrival of Messiah, the Redeemer. | This messianic belief in its manifold historic variations and their faith in the mercy of God gave the people of Israel strength and courage, both during the post-Bible era in which they were "strewn across the world" (Diaspora) and through periods of intense persecution right up to most recent times. These persecutions reached their most brutal and horrible form during the Holocaust committed by the National Socialists. | Zionism originated at the end of the 19th Century as a secular movement that proposed the return of the Jews to the "Holy Land". It played a major role in the foundation of the Jewish State in 1948.

Christentum | *Christianity*

Das Gottes- und Menschenbild des Christentums ist stark vom Judentum geprägt, doch steht im Zentrum die Person Jesu Christi und seine Heilstat zur Erlösung der gesamten Menschheit. Jesus Christus sagt von sich selbst, der Sohn Gottes zu sein und das kommende Gottesreich der Gerechtigkeit vorzubereiten. In seiner Bergpredigt verankert er ein Menschenbild der Nächstenliebe und in seinem Kreuzestod nimmt er stellvertretend (als „neuer Adam") die Sünden der Menschheit auf sich. Seine Auferstehung ist der Sieg über den Tod und prägt die Jenseits- und Erlösungshoffnung der Christen. Im frühen Christentum entstanden komplizierte Diskussionen über die Dreifaltigkeit Gottes (als Vater, Sohn und Heiliger Geist) sowie über die genaue Stellung Jesu Christi. Die meisten christlichen Kirchen fassen Christus als „wahren Menschen und wahren Gott" und als „wesenseins" mit dem Vater; damit ist Christus der Mittler zwischen Gott und den Menschen und das Befolgen seiner Botschaft gilt als Weg, die Gnade Gottes zu erlangen. | Angefangen von der Aussendung der Jünger („Pfingsterlebnis") entwickelte das Christentum ein starkes Sendungsbewußtsein, daß Christi Botschaft für alle Menschen gilt. Die Geschichte der Kirche über die Verfolgung in der Frühzeit, die Duldung und den Aufstieg zur „Staatskirche" im spätrömischen Reich bis zu geistigen Führungsmacht im Mittelalter und der frühen Neuzeit ist eminent politisch. Als Zentrum der geistigen und weltlichen Macht bildet sich in Westeuropa das Römische Papsttum heraus, das sich 1054 von der Griechisch-Orthodoxen bzw. später Russisch-Orthodoxen Kirche trennte. Gegen eine zu starke Verweltlichung der Kirche traten immer wieder Reformkräfte auf, bis sich im 16. Jahrhundert die reformatorischen (evangelischen) Bewegungen von Rom lossagten, eine erneute Konzentration auf die Heilstat Christi und das Neue Testament (die vier Evangelien, Apostel-Briefe und Johannes-Offenbarung) vornahmen und eigene Kirchen bildeten. Die europäische Aufklärung brach die alleinige geistige Vorherrschaft der Kirche und des Christentums, doch zeigt das Christentum heute eine vielfältige Orientierung in der modernen („säkularen") Welt.

Christianity's notion of God and mankind is strongly influenced by Judaism, but here Jesus Christ and his sacrifice for the redemption of mankind form the central focus. Jesus Christ said himself that he was the son of God and he was paving the way for the coming Holy Kingdom of equality and fairness. In his Sermon on the Mount he defines an altruistic vision of mankind; in his death on the cross he dies (as a "new Adam") for its sins. His resurrection is the victory over death and forms Christianity's understanding of heaven and redemption. Early Christianity saw complicated discussion on the Holy Trinity (God as Father, Son and Holy Ghost) and on the exact definition of Jesus Christ's role. Most Christian churches see Christ as a "true man and true god" and as spiritually united with God. Christ is therefore the intermediary between God and mankind and following his teachings is held to be a way to attain God's mercy. | Starting with the dispatch of the disciples ("the Pentecostal experience") Christianity developed a strong missionary aspect since Christ's word was thought to be meant for all of humankind. The history of the church is eminently political – beginning with persecution in early times and continuing with toleration, the rise to a "state church" in the late Roman Empire, to the leading intellectual power of medieval times and up until early modern times. After the division from the Greek Orthodox Church (later the Russian Orthodox Church) in 1054, the Roman Papacy strengthened its position as a center of spiritual and secular power. In response to perceived overly-secular development of the Church, reform elements repeatedly surfaced until ultimately Protestant movements with renewed focus on the word of Christ and the New Testament (the Four Evangelists, Letters of the Apostles and the Gospel of Johannes) divided from Rome and formed new churches in the 16th century. The Period of Enlightenment broke the spiritual reign of the Church and of Christianity. Nonetheless, it continues to be present in manifold forms throughout today's modern ("secular") world.

Islam | *Islam*

Der Islam („Hingabe an Gott") ist die jüngste der monotheistischen Weltreligionen, versteht sich selber jedoch als Wiederherstellung der bereits Abraham offenbarten monotheistischen Ur-Religion. Die jüdischen und christlichen Propheten bis zu Jesus gelten als direkte Vorläufer des Propheten Mohammed (570-632), dem als „Siegel der Propheten" die Botschaft des Koran direkt offenbart wurde. | Gott ist nur ein einziger und wirkt als Schöpfer und Erhalter in alle Bereiche des menschlichen Lebens hinein; seine Gebote verpflichten zu einem ethischen und sozial engagierten Leben. Die religiösen Pflichten des Muslim sind durch die sog. „5 Säulen" geprägt: Glaubensbekenntnis (shahada), rituelles Gebet (salat), Almosenabgabe (zakat), Fasten (saum) im Monat Ramadan und die Wallfahrt zur Kaaba nach Mekka (hadsch; mindestens einmal im Leben). Der Islam betonte von Anfang an das gemeinsame religiöse Handeln (Orthopraxie), weshalb er die Theologie zugunsten einer praxisnahen Rechtslehre (Sharia) zurücktreten ließ. Die Islamgelehrten sind vor allem Rechtsgelehrte und entscheiden in Rechtsgutachten (fatwa) die Fragen der Gläubigen. | Der rasche historische Siegeszug des Islam – keine 80 Jahre nach Mohammeds Tod herrschte er über Gebiete von Spanien bis Pakistan – galt den frühen Muslimen als eine Art „historischer Beweis" für die Richtigkeit der Lehre, wobei der Islam des Mittelalters eine Hochblüte der Wissenschaften und weitgehende religiöse Toleranz zeigte. Er spaltete sich allerdings bereits in der Nachfolge Mohammeds in die mehr legalistischen Mehrheits-Muslime (Sunniten) unter Führung der Kalifen; und die mehr charismatischen und oft sozialrevolutionären Schiiten unter Führung der Imame als leibliche Nachkommen des Propheten. | Die fehlende klare Abgrenzung zwischen dem religiösen und dem gesellschaftspolitischen Bereich und der Streit über die Reichweite und Umsetzung der Sharia bestimmen bis heute die Auseinandersetzungen innerhalb des sehr vielgestaltigen Islams, wobei man erkennen muss, dass der Islamismus ein politischer Gegenentwurf zur (westlich geprägten) Moderne ist, der stärker mit der Geschichte einiger Regionen zu tun hat als mit der eigentlichen Glaubenslehre.

Islam ("Commitment to God") is the youngest of the monotheistic world religions, yet was founded as a renewal of the monotheistic proto-religion that was manifested to Abraham. The Jewish and Christian prophets up to Jesus are regarded as direct forerunners of the Prophet Mohammed (570-632) to whom, as a "Medium of the Prophets", the Koran was directly manifested. | God is a singular god (in contrast to the Christian Holy Trinity) and influences as a creator and preserver all aspects of human life. His commandments commit one to an ethical and socially engaged life. The religious responsibilities of Muslims are defined by the so-called "5 Pillars": profession of faith (shahada), ritual prayer (salat), giving alms (sakat), fasting (saum) in the month of Ramadan, and the pilgrimage to the Kaaba in Mecca (hajj, at least once in life). From its very beginnings, Islam emphasized collective religious activities and therefore limited theology in order to focus on a practical legal doctrine (Sharia). Islamic scholars are primarily law scholars who answer questions posed by the faithful in legal studies (fatwa). | Islam's rapid historic expansion – 80 years after Mohammed's death it resided over regions from Spain to Pakistan – was regarded by early Muslims as a kind of "historic proof" for the truth of the teachings. The Islam of the Middle Ages was renown as a zenith of the sciences and for its extensive religious tolerance. During the succession to Mohammed it split into the more legalistic majority Muslims (Sunnites) ruled by the caliphs and the more charismatic, social-revolutionary Shiites ruled by the imams as bodily descendants of the Prophet. The missing division between religious and societal realms and the arguments over the applicability and utilization of the Sharia continue to generate conflicts within the broad range encompassed by the Islamic faith. Present-day Islamism can be seen as a counterpart to the (Western based) modern society that is more a result of historic events (such as the long-term effects of colonization) in given regions and has less to do with genuine religious teachings.

Objektregister | *Index of Projects*

Architektenregister | *Index of Architects*

Architektenregister | *Index of Architects*

Bildnachweis | *Picture Credits*

Quellennachweis | *Credit*
Kraft, Sabine: Islamische Sakralarchitektur in Deutschland: Eine Untersuchung ausgewählter Moschee-Neubauten, Münster 2002

Die Deutsche Bibliothek verzeichnet diese Publikation in der Deutschen Nationalbibliographie; detaillierte bibliographische Daten sind im Internet abrufbar über http://dnb.ddb.de

ISBN 3-935455-75-5

Redaktion: Franziska Nauck, Stephan Goetz
Lektorat: Markus Hattstein, Vera Gärttling
Texte „Weltreligionen": Markus Hattstein
Übersetzung: allround Fremdsprachen GmbH Cord von der Lühe
Grafikkonzept: Michaela Prinz
Grafische Umsetzung und Umschlaggestaltung: Andreas Langner